あの懐かしい味の野菜を自分でつくる

文＝岩崎政利　写真＝関戸勇

とんぼの本
新潮社

目次

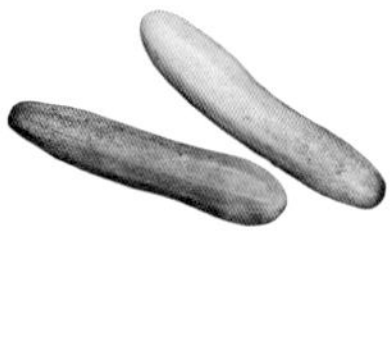

あの懐かしい味の"昔野菜"をつくろう

こどもの頃に丸かじりした大きなキュウリやトマト、ほのかに甘いくだもののようなマクワウリ、そして茎の根元が赤いホウレンソウや、菜っぱのお浸し……野菜の懐かしい味がいつの頃からか、ふだんの食卓から消えてしまったと思っている人は多いだろう。菜もの野菜ひとつをとっても、かつては写真のようなさまざまな菜っぱが、日本各地にはあった。それらの多くは、元々は中国やヨーロッパから導入されたものである。

　私の印象では野菜が大きく変わったのは、一九七〇年代からで、通称F_1（エフワン）と呼ばれる交配種の野菜がぞくぞくと登場してからだ。F_1は「ファースト・フィリアル・ジェネレイション（first filial generation）」の略で、直訳すると「最初の子どもの世代」。つまり人為的に異なる品種や種を交配させて、親よりも優秀な子ができることを利用した育種方法である。ある目的からみて優秀な子をつくりだす、ということで、世の中が、単一の野菜産地を決めて、流通の規模拡大をはかった時代を背景にして生まれた野菜だった。輸送に便利なように形がそろい、日持ちがすることを目的に優秀な子がつくりだされた。しかしその性質は一代限りで、次の世代の子どもには受けつがれない。気がつくと、この四十年の間に、冒頭のような野菜は市場か

山形青菜（やまがたせいさい）

畑菜（はたけな）

ら姿を消してしまった。

本書では、そんな懐かしい味の野菜を「昔野菜」と呼ぶ。それらは数百年という古い歴史を持つものもあれば、数十年という新しいものもあり、ここでは両者を含める。いずれにしても自然交配や、人々が何年にもわたって選抜をしながら育種をしてきた野菜である。タネを採って育てると、親と同じような性質の野菜ができ、命がつづいていく。風土に合って人との交流の歴史がつまっている昔野菜の特徴は、生命力と多様性にある。

「ああ、昔の野菜の味が懐かしい」と思ったら、自分で昔野菜を育ててみよう。

昔野菜をつくって、たべて、楽しむことで、昔野菜を守っていこう。

小松菜

大和真菜（やまとまな）

ちりめんからし菜

地方野菜の魅力

右から、キムチダイコン、青首ダイコン、亀戸ダイコン、源助ダイコン、横川つばめダイコン、女山三月ダイコン、東天紅、五木赤ダイコン

日本各地には、たとえば一口にダイコンといっても、じつにさまざまなダイコンがある。白いダイコン、赤いダイコン、長いダイコン、丸いダイコン。辛みの強いダイコン、辛みの弱いダイコン。ほとんどの野菜がかつて外国から入った歴史をもっているが、ダイコンが日本にやってきたのはかなり時代をさかのぼる。記録に残っているもので最も古いのは、『日本書紀』にでてくる「於朋爾《おおね》」。ダイコンの古名である。

同じダイコンのタネが、各地方の自然環境に合わせて、姿も味も変わっていった。変わった理由は、地域の自然環境だけとはいえない。昔野菜は、それを育てる人が「これはいい」と思ったものを選抜して、そのタネを残していくので、つくる人の気持ちもそこに入ってくる。風土と人がつくりだした、昔野菜。なんとも、温かな人間味あふれる野菜である。

ところが、F_1種の「耐病総太り」、ふつうには「青首ダイコン」と呼んでいる

が、そのダイコンが登場して以来、またたく間に市場は「青首ダイコン」一色になってしまった。名前のとおり、病気に強く、太さが均一であることから抜きやすく、形もそろっているので輸送にも便利。しかも、すが入りにくいダイコンであることから、農家にとっても消費者にとってもありがたいダイコンだ。優等生のダイコンは、たしかにすばらしい。しかし、その陰で、地方のバラエティに富んだダイコンがひっそり消えていっている。流通にのらない、これらの地方のダイコンをつくる農家も少ない。だからこそ、家庭菜園でつくって、こうした野菜の命を守っていこう。これはダイコンだけでなく、すべての野菜にいえることだ。

それぞれに個性があって、ゆっくりと育って長い期間収穫できるのが昔野菜。家庭菜園でこそ、そんな特性が生かされる。収穫したあとの日持ちがしない、というのも、家庭菜園では問題にならない。日持ちがしないからこそ、旬というすばらしい言葉が生まれたのである。

つくりやすい野菜とは?

つくりやすい野菜とは、病気の発生が少なく害虫のつきにくい野菜、連作にたえる野菜である。それに当てはまるものとして、カボチャ、トウガン、ニガウリ、オクラ、ダイコンなどがある。他の野菜についても、その野菜がいちばん生育に適した時期につくれば、問題は少なくなる。自分がつくろうとする野菜が、どの季節に育てるのがいちばん合っているのか、それを知ることがまず大切だ。

一般の農家では、旬に野菜をつくると値段が安くなるので、この時期をずらし、栽培が難しい時期に生産しているので、肥料や農薬が使用されることが多い。家庭菜園では、それぞれの野菜の自然なサイクルに合わせてつくることができるので、健全な野菜づくりが実現できる。

昔野菜の品種を選べば、一度の収量は多くなくても、収穫がぼちぼちと長くつづく。適した季節につくると生命力が豊かなために、肥料も少なくてすみ、農薬にたよらなくてもいい。伝統的な昔ながらの野菜は、まさに家庭菜園に向いた野菜といえる。

家庭菜園は、面積が小さく限られた場所での野菜づくりになるので、やはりそれに向く野菜を選んでいくことが必要だ。一度タネまきすれば、何回も何回も収穫できる野菜はとてもいい。たとえば、ニラ、小ネギ、ミツバ、青ジソ、モロヘイヤ、ツルムラサキ、エンサイ、アブラナ、のらぼう、ちりめんからし菜、シュンギクなど。これらは、葉やとう立ちの部分を摘んで食べると、また次の葉や茎が伸びてくるので、長期間にわたって楽しむことができる。

もうひとつ、育つ途中で間引きして、それを食べながら残りの野菜を大きく育てるやり方もいい。金町小《かなまちこ》カブ、みやま小カブ、日野菜《ひのな》、水菜《みずな》、壬生菜《みぶな》、畑菜《はたけな》、杓子菜《しゃくしな》、チンゲンサイなどがこの方法でつくれるが、これも長く楽しめる。少し摘んでは、その野菜を料理して食卓にのせ、旬の味が楽しめる。これほど豊かで、ぜいたくな時間があるだろうか。

ベランダ栽培の夏野菜を、ある日摘んだもの。エンサイ、モロヘイヤ、ツルムラサキ、ニラなど

上はエンサイの茎を折って、収穫しているところ。こうして使う分だけ摘み取っていけば、長く楽しめる。左は、杓子菜を間引きするために、根元から切ったところ

家庭菜園では安全が第一！

私が農業を始めてから五十年が過ぎ、化学肥料や農薬をまったく使わない有機農業に切りかえてからも、すでに四十年の月日が過ぎた。無農薬の農法にしたのは、原因不明の病に倒れたのがきっかけだった。体がだるく、まったく仕事ができない状態で臥せっていたとき、それまでの農薬多用の農法で体をやられてしまったことに気づいた。体が徐々に回復してきてから、自分の畑へ行ってまわりの雑木林を見わたして考えた。自然の仕組みがどうなっているのか、それを知りたかったのだ。

自然の雑木や草花、そしてそこにやってくる昆虫や鳥、それらがみな共生して豊かな土と環境をつくっていた。この仕組みをいかに自分の畑につくっていくか、その後の私の農業はそれを考えながらやってきた。農薬を少しでも使えば、自然の循環はこわれてしまう。とくに家庭菜園のようなせまい土地の場合、農薬を使えばその影響は人の体にも土にも大きい。自分が育てている野菜を、その場でつまんで食べることができる、安全で豊かな菜園であってほしい。

病気にも虫にも強い品種を探す中で、昔ながらの品種に行き着いた。在来種のタネには生命力があって、自分で生きていこうとする力が強い。季節に合わせてつくれば、病気にもかかりにくい。たとえば、べと病とよばれる病気は五月になると出る。冬にはひじょうに発生が少ない。つまり、病気が出るということは、その野菜が育つうえで限界なのだといってもいい。野菜も人と同じで、体が弱ったときに病気になる。だから野菜の性質を知って、季節と土地に合った品種を選べば、それだけでも栽培は楽になる。

私は初めの頃は、野菜の収穫時がいちばん美しいと思っていた。次に野菜の花を見たときにその美しさに驚いた。そして今は、花のあとにタネができて枯れてくる頃がいちばん美しく見える。これまで野菜を食べる側だった方も、野菜を育て、野菜のすばらしさを知ってほしい。

雑木林の側にある畑で。
自然の恵みに感謝

昔野菜

キュウリ、ナス、ニガウリなど、実もの野菜が多いのが、夏野菜の特徴

春から夏の

大地から初々しい緑が芽吹いてくる春。
その緑を摘んで、食卓へのせる幸せ。
春はまた、夏に楽しむ野菜のタネまきの季節である。
すべての草や虫たちが元気になっていく
季節でもあるので、その中で健やかに育つ
野菜を選んで、日々の食卓を豊かにしていこう。
生長する野菜と過ごす時間は、
日々の生活にやすらぎを与えてくれる。

香りを楽しむ

ミツバ

関東《かんとう》ミツバ

上の写真の手前は、ミツバを切り取ったあとの状態。すぐに新しい葉が伸びてくる。左は摘んだミツバ

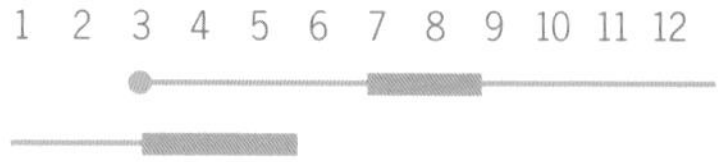

ミツバは日本にも野生種がみられる多年草。どちらかというと日陰を好む野菜なので、ふつうの野菜が適さない場所をうまく利用して育てるといい。春にタネをまくと、夏の間摘むことができる。これが冬を越して、翌年の春に芽生えたときが、ミツバの最高の香りとおいしさが味わえるときだ。これを摘みながら使っていき、そのままにしておくと花が咲きタネができる。こぼれダネでも育っていくが、花の前に刈り取ると、何度も新しい葉が出てくるのでそれを使うことができる。品種に関西ミツバと関東ミツバがあるが、家庭菜園では関東ミツバのほうが育てやすいだろう。土寄せして茎を白くせず、そのまま育てる。ミツバは庭や畑の隅で育てると重宝する香草である。

料理のコツ

摘んだばかりの新鮮なミツバは、そのまま汁ものに入れたり、刻んで麺類の薬味に使える。少し大きく成長したミツバは、さっと茹でて水気をきり、ふつうの青菜として和えものにしたり、貝類と合わせたぬたにすると美味。

栽培カレンダー→ ● タネまき ○ 種芋を植える ■ 苗の定植 ▬ 収穫

香りを楽しむ

シソ

青ジソ、赤ジソ

上は赤ジソ。殺菌、解毒など薬用効果が高い。右の青ジソとともに、庭にあるとたいへん役立つ香草である。葉も穂ジソも利用できる

和風ハーブの草分けである青ジソ。カロチンも豊富。夏場は大いに利用しよう

1 2 3 4 5 6 7 8 9 10 11 12

薬味に使うおなじみの青ジソは、意外なことにタネをまいても発芽しにくい。だから気長にかまえて、最初の年は育ったものの葉を摘んで使いながら、いくつかの株を残す。秋にタネができるので、そのまま置いておくとタネがこぼれて、翌年はそのこぼれダネから自然に芽生えてくる。こうしたこぼれダネからのほうが、生育がいいのである。赤ジソも青ジソと同様に育てることができる。ただ毎年タネを買って育てるなら別だが、自分でタネを採るときは青ジソとは離して植えておかないと、交雑して赤ジソの赤い色がくすんでくるので注意。場所がせまく両者を離すことがむずかしいときは、赤ジソをプランターで育てるなどの工夫をするといいだろう。収穫は葉だけでなく、九月頃には穂ジソも使える。

料理のコツ　青ジソはいろいろな薬味に用いる。穂ジソになったものは切り取って醤油に漬けると、香り醤油として使える。赤ジソは梅干し作りに欠かせないが、水から煮出して濾し、砂糖とレモン汁を加えたシソジュースもおすすめ。

※本書の栽培カレンダーは、長崎県雲仙市吾妻町（温暖地）が基準。寒冷地や中間地は多少ずらして活用してください。

葉や茎を食べる

葉ゴボウ

白茎《しろくき》ゴボウ

上はタネをまいて、ひと月足らずの頃。間引き菜もおいしい。右は２ヵ月を過ぎた頃

1 2 3 4 5 6 7 8 9 10 11 12

四月は野菜の端境期で、野菜がひじょうに少なくなる時期だが、白茎ゴボウはこの時期に採れるものとして貴重である。若いゴボウの葉から根までを食べる。早春にタネをまき、それも多めにまいて密植させることで、柔らかく育てる。株の間が大きく空いたり、成長しすぎると、茎が堅くなってしまう。密植させて育てるにはタネがたくさん必要だ。タネは最初は買うにしても、二回目からは自分で採ることもできる。いくつかの株を残しておくと、翌年の初夏にアザミに似た花が咲き、盛夏には殻の部分が茶色くなってタネが熟す。クリのいがのような殻の中にタネが入っているので、茎を切り取って中のタネを出す。これを保存して翌年にまく。

料理のコツ

葉、茎、根のすべてを刻んで、きんぴらにすると、ゴボウの香りが生きておいしい。また、葉や茎に苦みがあるときは、酢を落とした湯の中で茹で、これを水にさらしたあとで調理する。ごま醤油など、ごまと相性がいい。

葉や茎を食べる

イタリアン・ダンデライオン

赤い茎と緑の葉の組み合わせがたいへん美しい。手前は小さな青い花がついた花茎

ライオンの歯のように葉がぎざぎざしているタンポポ（ダンデライオン）に似ていることから、この名前がつけられた

1 2 3 4 5 6 7 8 9 10 11 12

食用タンポポの名称で売られている「イタリアン・ダンデライオン」は、キクニガナ（チコリ）のなかまである。キクニガナは江戸時代末期に導入されたが、当時はあまり食用にならなかった。ヨーロッパでは、ほろ苦い葉をサラダに利用するために栽培されている。この栽培種が、「イタリアン・ダンデライオン」の名で再び日本に入ってきた。密植して育てると葉が柔らかくなって食べやすい。虫はつかないし、野菜が少ない四～五月に使えるのがうれしい。五～六月には美しい青い花が咲く。多年草なので庭や畑の隅で育てるといいだろう。密植させるためにタネがたくさん必要なので、翌年からはいくつかの株を残して、そこから自分でタネを採ることもできる。

料理のコツ

若い葉を摘んで、そのままグリーンサラダに加えるとおいしい。クルミ、ピーナッツ、松の実などのナッツ類を散らして、オリーブオイルやワインヴィネガーでつくったドレッシングをかけるとよく合う。

葉や茎を食べる

バイアム

聞きなれない名前の野菜だが、江戸時代には「ヒユナ」という名前で栽培されていた。ヒユ科の野菜なので、ヒユの菜という意味だったのだろう。「ジャワホウレンソウ」とも呼ばれる。現在ふたたび中国からきた野菜として、注目を浴びている。暑さと乾燥に強い熱帯の野菜なので、日本の夏に育てると健やかに育つ。若い茎や葉を摘むと、すぐに新しい葉が育ってくるので長期間収穫を楽しめる。家庭菜園向きの野菜である。気温がじゅうぶん高くなった春にタネをまき、あとは世話いらずに育つ。高温地では雑草にやられないように気をつけるだけでよい。近いなかまに、アマランサスがある。栄養価の高い穀類として知られているが、これも葉が食用になる。

料理のコツ

柔らかい葉は摘んで、そのまま汁ものに入れるとよい。その他ホウレンソウと同じように、茹でてお浸しや和えものなどにするとおいしい。暑くなるほど茂ってくるので、そのときはどんどん摘んで炒めものにする。

葉が淡い黄緑色で、その優しい色が畑では目立つ。味にくせがなく、夏場はとくに元気に育つのでいい。左下は、摘んだもの

1 2 3 4 5 6 7 8 9 10 11 12

葉や茎を食べる

オカノリ

茎の先のほう、この写真くらいの長さで摘み取っていく。次々に脇芽が出てくる

オカノリは日本では古く江戸時代から栽培されていた野菜だが、その後しだいに見かけなくなってしまった。土地を選ばず、どこでもじょうぶに育つので家庭菜園に向いている。葉を火にあぶると、ノリのような香りがするということでついた名前のようだ。アオイ科の植物なので、園芸植物のゼラニウム（アオイ）の葉に見かけがよく似ている。五月頃にタネをまいて、育ってきたら若い茎を折って摘んでは食べていく。プランター栽培でもできる。八月頃にたいへん小さな花が咲いて九月頃に実ができる。中のタネが熟したら、そのタネを採ることができる。つくりやすく、葉を長い間摘んで収穫できる野菜なので、家庭菜園でおおいに活用してほしい。

料理のコツ

葉は茹でると少しぬめりが出て、お浸しや和えものにすると舌ざわりがよくおいしくいただける。くせのない野菜なので、汁ものや炒めものなど、どんな料理にも向く。天ぷらにすると、葉とは思えないしっかりした味わいだ。

間引きのときは、根元を鋏で切る。残りは葉を摘みながら、大きく育てる

1 2 3 4 5 6 7 8 9 10 11 12

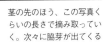

豆を食べる

エンドウ

スナックエンドウ、キヌサヤ

赤花キヌサヤの花（上）と莢（右）。長崎には、古い品種でこれより大きな莢の「オランダ」キヌサヤがある

スナックエンドウ。つるがよく伸びるが、早生の品種は背丈が少し低く、実が早くからなる。莢も豆もともに食べてこそおいしい

1 2 3 4 5 6 7 8 9 10 11 12

エンドウのなかまには、キヌサヤ、サヤエンドウ、スナックエンドウ（またはスナップエンドウ）、そして実を食べるグリンピースなどがある。キヌサヤはサヤエンドウの中で莢が薄い時期に収穫するもの。スナックエンドウはサヤエンドウの筋を柔らかく改良したもので、丸ごと食べられるようにしたもの。どれも関東以西では秋まき、寒い地方では春まきにして育てる。私の体験では、スナックエンドウは収穫期を迎える五～六月にヨトウムシにやられたり、うどん粉病が出たりしていたが、他の野菜とうまく組み合わせることで（50頁参照）、その問題も解消されていった。冷涼な気候が向くので、暑くなる前に収穫できる早生《わせ》の品種がつくりやすい。

料理のコツ　採れたては、さっと茹でてサラダで食べるのがいちばん。エンドウ本来の甘みが生きる。しかしすぐに火が通るので、茹ですぎないように注意する。かき揚げの天ぷらもおいしい。これもすぐに火が通るのですばやく揚げる。

豆を食べる

インゲン

つるありインゲン、つるなしインゲン

昔野菜のインゲンのよさは、莢が大きくなっても柔らかく食べられることにある。市場に出ている多くの育成種のインゲンは、緑の色が濃く、実のなりかたが多いために一本が細い。そして実を採り遅れて収穫すると、莢が固くなってしまう。その点、昔からつくられているインゲンは莢が大きく見栄えが悪くなっても、味は変わらず、莢も柔らかいので家庭菜園に向いている。さらに収穫期がいっぺんにくるのではなく、長期にわたっている。マメ科の野菜は肥料もほとんどいらず、つくりやすい野菜だ。タネは春まき、秋まきの両方ができる。つるありインゲンは、つるなしインゲンより収穫期が少しあとにずれるので、両方あるとインゲンがいっそう長く楽しめる。

料理のコツ

筋を取ってから茹で、適当な大きさに切って和えもの、サラダにすると、インゲン独特の甘みが味わえる。茹ですぎないよう、途中で食べて加減をみながら茹でる。中の豆が大きくなっても、莢も豆もおいしい。

つるありインゲン（上）と収穫した莢（左下）。三度豆の別名があるように、時期をずらして何度もまける

つるなしインゲン。種苗店で昔ながらの品種を手に入れよう

インゲンには、品種によって白花のものと赤花のものがある

1 2 3 4 5 6 7 8 9 10 11 12

豆を食べる

エダマメ

エダマメは肥料はいらないし、ひじょうにつくりやすい野菜である。地域によってタネまきに適した時期はちがうが、私が住んでいる長崎では、四月一日にまいて、六月二十日頃から七月初めに収穫している。他の地域にくらべるとかなり早いほうだと思う。ダイズは七月十日頃にまいて十一月に収穫しているが、十月にはエダマメとしても食べられる。それぞれの土地に合った品種は、その土地のまきどきがあり、病気にも強くてつくりやすい。どんな品種があるか、地元の種苗店に相談してみるといい。他の野菜にくらべると固定種のタネがまだ各地に残っている。エダマメでもおいしく、また秋までおいてダイズとして食べてもおいしい品種もある。

料理のコツ

エダマメは、採れたてを茹でて食べるのがいちばん。大鍋に入るように枝を切って、塩をふって手でもみ、それを沸かした湯の中に入れて茹でる。途中味をみて、少々固めくらいで湯からあげ、余熱でちょうどよい固さにするといい。

ダイズの未熟な実を食べる、栄養価の高いエダマメ。ビタミンも多い

ほとんどの莢の中の実がふくらんで充実した頃が、収穫に適した時期

1 2 3 4 5 6 7 8 9 10 11 12

手前はインゲン畑。遠くに
見えるのは、諫早湾の海

実を食べる

ピーマン

伊勢《いせ》ピーマン

白い小さな花が咲いたあと、雌花の元がふくらんで実が生長していく

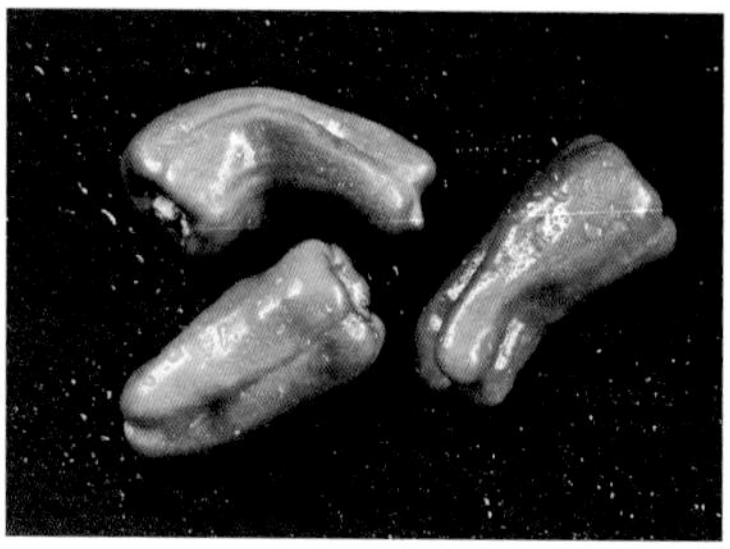

通常未熟な緑の実を食べるが、赤く熟してもおいしい

ピーマンは収穫の期間がとても長い野菜で、とくに固定種は少しずつ長く採れるのでたいへんいい。肥料は多くやりすぎないことが大切だ。肥料を多くやるとアブラムシがついて、それがウィルスを媒介することになる。アブラムシを見つけたときは、手で取ってしまおう。牛乳をスプレーするなどの方法もあるが、早めに見つけていち早く手で除去してしまうのがいちばんだ。日本に古くからある品種「伊勢ピーマン」「埼玉早生」のほかに、大きな実がなる「カリフォルニア・ワンダー」などの固定種がある。タネを採るときは、よくできた実の株をそのまま残して、実の表面の色が赤くなってから採る。中のタネを出して、よく乾かしてから保存する。

料理のコツ

採れたてのピーマンは細く切って、生でサラダに入れたり、丸ごと網焼きにすると、ピーマンの甘みが生きておいしい。また、緑や赤く熟したピーマンを焼いてからマリネにしておくと、見た目にも美しく保存もきく。

実を食べる

トウガラシ

―伏見《ふしみ》甘長《あまなが》

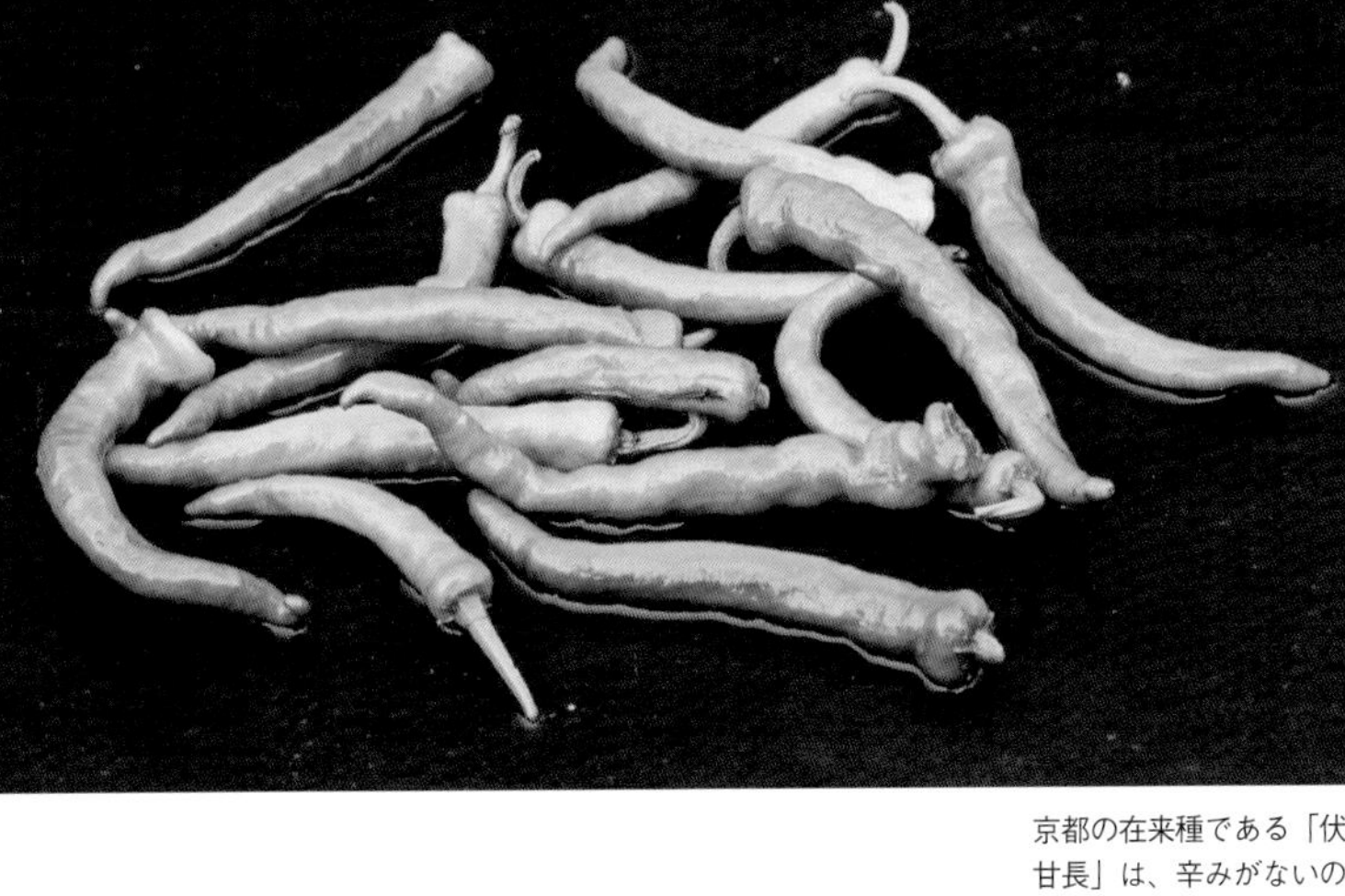

京都の在来種である「伏見甘長」は、辛みがないのでふだんの料理に使いやすい

収穫時期になると、次々に実がなって収量も多くなっていく

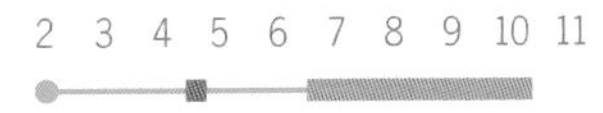

トウガラシには「伏見甘長」のように辛みが出ない品種と、夏の暑さが増すとともに辛みが出てくる品種がある。熱帯の野菜なので、気温がじゅうぶん高くなった時期にタネまきをする。あるいは早春に室内で苗づくりをしてから、四月末頃露地に植え替える。気温が高くなるとともに元気に育ち、収穫は夏から秋十月頃まで長期にわたってつづく。「伏見甘長」は実の大きさが通常のトウガラシの二倍ほどあり、味もひじょうにいい。いい実がなった株に、タネ用の実を残し、赤くなってから採ってタネを出す。辛みのあるトウガラシは食べるだけでなく、害虫防除の薬がつくれる。乾燥したトウガラシを水から煎じてつくるが、使うときには薄めて使う。

料理のコツ

「伏見甘長」は、焼いてよし、煮てよし、天ぷらにしてよし、とさまざまな調理法で楽しめる。辛みのあるトウガラシは、収穫したら小さな束にして干し、必要なときに少しずつ薬味として使っていくといい。

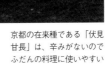

実を食べる

ナス

長崎長ナス、青ナス、イタリアナス

真夏の暑さの中でも安定して実をつける青ナス。淡い緑色の果皮が美しい。へたの部分に鋭いとげが見える

1 2 3 4 5 6 7 8 9 10 11 12

ナスは、日本では高温となる夏の間を利用してつくって楽しむ野菜。同じ夏野菜でもトマトは在来種が少ないが、ナスは各地にさまざまな長ナスや丸ナス、また水ナスなどの在来種が残っている。肥料を多く必要とする野菜なので、畑には堆肥などを入れておく。品種によっては青ナスのように、葉や茎やへたに鋭いとげのあるものがある。これは原種に近いために生命力があって病気にも強く、肥料もそんなに多く必要としないで育つ。とげは、実を収穫するときに触れると痛いので注意する必要があるが、大量生産の必要がない家庭菜園でこそ残していきたい品種である。味もよい。色の美しさでは、イタリア産の固定種、イタリアナスが人目をひく。紫と白のしま模様のナスは、「リスターダ・デ・ガンディア」という品種で、炒めものや夏野菜の煮込み料理に用いられる。ナスは、国産だけでなく、外国産の固定種を育てる楽しみもある。

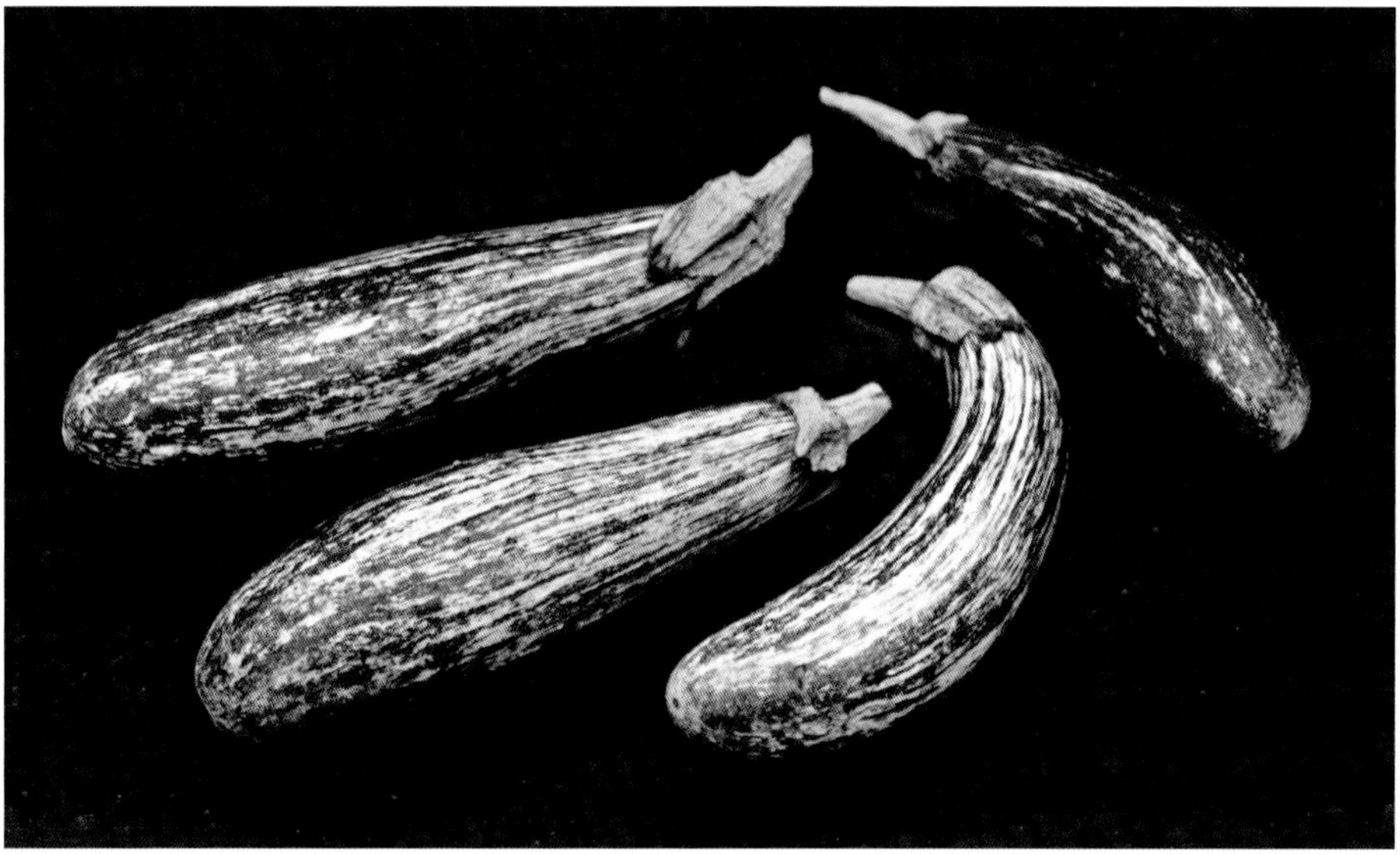

イタリアの固定種のひとつ、リスターダ・デ・ガンディア。外国産のナスの特徴はへたが緑色であること

実の色も、へたの色も濃い紫色が美しい、長崎長ナス。日本の在来種の紫系のナスは、へたの色も紫色だ

料理のコツ

ナスは油を使う料理が、皮の色が冴えるのでよく合う。オリーブオイルで焼いて軽く塩をしたり、ワインヴィネガーをたらすなど、できるだけ簡単な味つけのほうが、採れたてのナスの風味が生きる。

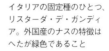

実を食べる

トマト

アロイトマト、イタリアトマト

固定種のトマトの品種は、ひじょうに少ない。そして無農薬・有機栽培でのトマトづくりは、農家にとっては手間がかかるわりに収量が少ないという理由で、F_1種が登場してからはほとんど栽培されてこなかった。しかしたとえば「アロイトマト」を自分でタネを採りながら長年栽培をつづけると、味もよくなり、収量もだんだんよくなってくることがわかってきた。F_1種が登場する前は、日本では固定種の「世界一トマト」や「ポンデローザ」などのトマトがつくられていた。「世界一トマト」は一個が二百グラムを越す大きなトマトで、食べると青くさい懐かしい味がする。トマトは雨に弱く乾燥した環境に向いており、その意味でベランダ栽培に適しているといえる。家庭菜園やベランダ栽培で、懐かしい味のトマトをつくってみよう。トマトは連作できない野菜のひとつだが、プランターでの栽培は、土も変えられるし、雨の日には濡れない場所に移動もできるのでいい。

料理のコツ

実がしっかりしているので、生で食べるだけでなく、輪切りにしてフライパンで焼いたり、バーベキューのときに網焼きで食べるといい。生を輪切りにして、刻んだタマネギとともにドレッシングに浸して冷やすとおいしい前菜になる。

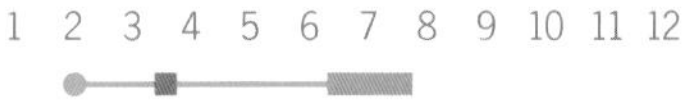

アロイトマト。自家採種をつづけながら育てている

イタリアの固定種のトマトのタネをもらって育てたもの

イタリアトマト「デュルコーレ」。縞模様のトマトは他に「ゼブラ」「コピア」がある

アメリカからきた固定種のトマト。トマトは地面についた茎から根が出て、さらに丈夫に育つ

実を食べる

オクラ

八丈《はちじょう》オクラ

クリーム色の美しい花が咲いたあとに、実がどんどん伸びていく。八丈オクラは、背が高く健やかに生長する

「八丈オクラ」は、実の表面が角張っておらず、なめらかでふつうのオクラの倍以上の長さがある。そして大きく育っても固くならずに、柔らかいままで食べられるのが特徴だ。だから栽培の途中で実が大きく生長してきても、あせらず必要なときに摘んで食べられるので家庭菜園に向いている。一般的な五角形のオクラは、収穫適期をすぎると固くなってしまうのだ。「八丈オクラ」は夏になると大きく育ち、背丈が二メートルほどになる。花はハイビスカスのように美しく、実は鋏を使わずに手でかんたんに折って収穫することができる。固定種の品種はほかにも「島オクラ」、実が八角形の「クリムソン・スパインレス」などがある。

料理のコツ

粘りが強いオクラは、まずさっと茹でてから水にとり、刻んで削り節と醤油で食べる定番料理で楽しもう。さらに茹でたものを、薄味をつけただし汁に浸して冷やしておくと、暑い夏の食欲増進の一品になる。

実を食べる

スイカ

大和《やまと》スイカ

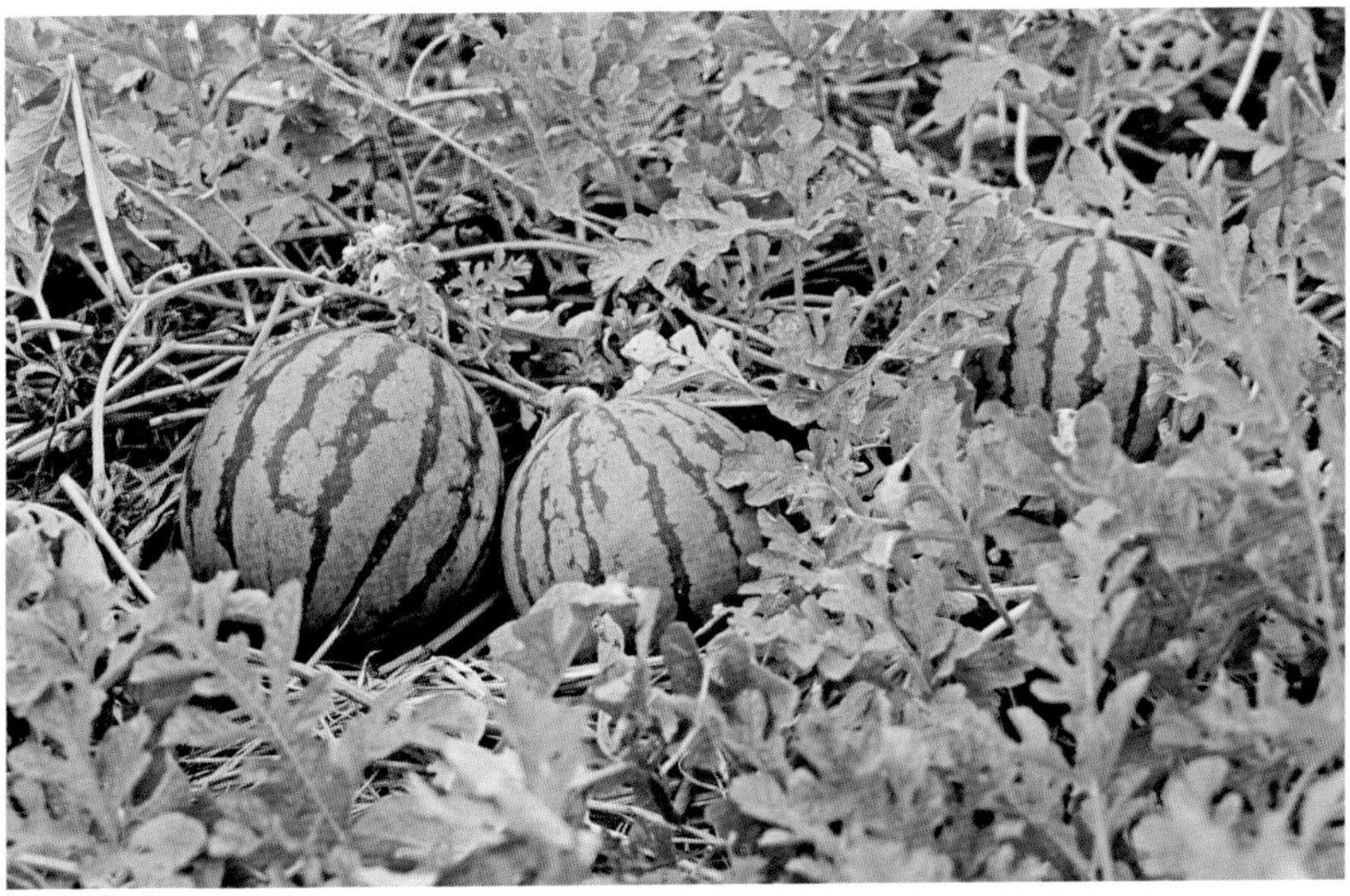

このスイカは、私が長年自分でタネを採りつづけて、つくっているスイカ

現在栽培されているスイカはF_1種が多く、ほとんどがユウガオやカボチャを台木にした、接ぎ木苗である。病気や連作に強いというのがその理由だが、家庭菜園ではタネから育てる純粋なスイカの味が楽しめる。タネから育てると、熟すと皮が割れるのが農家としては問題だが、家庭菜園ではそれは問題にならない。固定種の品種は「大和スイカ」のほかに、小型で黄色い実の「嘉宝《かほう》」などがある。スイカは水はけのよい土地が合っているので、雨の多い日本ではつくりにくい野菜である。また熟す頃にカラスなどの鳥がつついて食べることがあるので、実が熟してきたらネットをかけておくといい。連作もむずかしいので、場所を変えて栽培しよう。

料理のコツ

スイカは夏ののどの渇きをいやし、市場ではくだものとして扱われている。スイカの皮は、漬け物に利用するとおいしい。いちばん外側の堅い皮をむいて、残りの白い皮の部分をぬか床にひと晩漬けて食べる。

今は縞のあるスイカが多いが、江戸時代には無地のスイカが一般的だった

1 2 3 4 5 6 7 8 9 10 11 12

実を食べる

キュウリ

―― 地《じ》キュウリ

長年タネを採りつづけ栽培しているキュウリ。キュウリは支柱に昇らせても地面にはわせても、どちらでも栽培できる

1 2 3 4 5 6 7 8 9 10 11 12

日本各地には、かつてさまざまな地キュウリがあった。実が未熟な小さいものから、太くなったものまで、成長のどの過程でもおいしく食べることができるのが地キュウリ。支柱を立ててつるを昇らせることもできるが、地面にそのままはわせて育てることもできる。これが地ばいキュウリとも呼ばれるゆえんだ。黄色く熟すので「黄瓜《きうり》」という名前がつき、昔は、緑の未熟な実だけでなく、熟したキュウリも料理に利用していた。地面にはわせて育てると実の全面が緑色にならず、見かけが悪くて商品価値がないという理由で市場から消えていったのだが、家庭菜園では何の問題もない。各地に残っている地キュウリを探してみよう。地キュウリは自分でタネを採ることもできる。キュウリは中のタネが充実していくのに時間がかかるので、タネ採り用は実が黄色く完熟するまで畑におき、収穫してからもさらにそのまましばらく置いて、追熟してからタネを採ろう。

熊本地キュウリの未熟な実（上）と熟した実（左）。熟した実は甘みが出て、煮込み料理にも向く

大分地キュウリ。果肉がこりっとしてみずみずしい

山口地キュウリ。白っぽい果皮が特徴的である

料理のコツ

大きくなった実を生で食べるときは、中のタネをスプーンでかき出してから使う。薄味のだしで煮て、生姜の絞り汁を入れたあんをかけて食べるとおいしい。そのほか、中華風の炒めものなど、幅広く利用できる。

実を食べる

ウリ

—マクワウリ、トラカワメロン、バナナウリ

かつて日本には、夏になると地方色豊かなウリが数多くあった。私が子どもの頃に「オテウリ」と呼んでいた青い縞のあるマクワウリは、柔らかくて香りが高くおいしかった。しかし気がつくとそのウリの姿はなく、二十年来探しつづけているが見つからない。このようにせまい地域独特の野菜が、いち早く消えていってしまったようだ。ほどよい甘みで、のどの渇きを潤すマクワウリのなかまを、自家菜園でつくってみよう。

ウリは本葉が五〜六枚になったところで、親づるの芯を止める。次に子づるが三〜四本出て、一メートルほど伸びたらその芯も止める。その次に伸びてくる孫づるに実ができる。孫づるも葉が二〜三枚のときに芯を止めたほうが、実のなりがいい。

料理のコツ

畑で完熟したものを採って、すぐに流水や冷蔵庫で軽く冷やしてから、そのまま食べるのがいちばんおいしい。熟しているかどうかを見極めるのが大切だが、自分で育てるとそれがわかってくる。

バナナウリ。甘くておいしいが雨に当ると弱い

トラカワメロン。虎のような縞模様が目立つ

上は、ウリのつるの先の葉をとって、芯を止めているところ。こうして芯を止め、子づる、孫づるを出させる。下は花

マクワウリ。畑で通常より少し大きくなったもの

1 2 3 4 5 6 7 8 9 10 11 12

実を食べる

ニガウリ

暖地では世話いらずに育つニガウリ。独特の苦味が持ち味で、糖の代謝をよくする健康野菜として知られる

ツルレイシ、ゴーヤとも呼ばれるニガウリは、江戸時代から観賞用に栽培されてきたが、最近では沖縄料理が広まるとともに、市場に並ぶようになってきた。熱帯の野菜なので、気温が高くなってきた頃に露地に苗を植えて、真夏に向けて育てる。全体に太陽が当たるように、つるをはわせる支柱を立ててやれば元気よく育つ。棚にはわせてもよい。花が咲いたあと、十五日から二十日くらいで緑の実が収穫できる。料理に使うのはおもにこの未熟の実だが、そのままつるに残して、熟した実も食べることができる。完熟する頃には、皮の色はオレンジ色に変わり、中のタネを包む果肉は真っ赤になる。そのタネを採って、乾かして保存すれば翌年にまくタネとして使える。

料理のコツ　緑の実を収穫して中のタネを出し、薄切りにしてまず味をみる。苦味が気にならないときはそのまま炒めものに使える。苦味が気になるときは、いったん茹でてから水にさらして、苦味をやわらげてから料理に使う。

実を食べる

カボチャ

打木《うつぎ》赤皮栗《あかがわくり》カボチャ、地《じ》カボチャ、鶴首《つるくび》カボチャ

打木赤皮栗カボチャの花と、まだ若い実（左）。熟して果皮がオレンジ色になれば食べ頃（右）

北海道地カボチャ。北海道の知人が栽培をやめるため、タネを引き継いでつくりつづけているカボチャだ

カボチャは本来つくりやすい野菜であったが、最近では実がよりほくほくしたおいしい品種へと改良が進んで、一般家庭ではしだいにつくりにくいものになってきた。その点、昔野菜の在来種のカボチャを選べば、手入れもいらず、実のなりも安定していてつくりやすいだろう。各地方にはいろいろな地カボチャがある。山形の「まさかりカボチャ（蔵王カボチャとも呼ぶ）」、栃木の「中山カボチャ」、岐阜の「宿儺《すくな》カボチャ」など、いいカボチャが残っている。「打木赤皮栗カボチャ」は金沢の在来種だが、味もよく見た目にも美しい。西洋カボチャの一種なのだが、日本カボチャのように実に少しねっとりした味わいがある。カボチャは、化学肥料や農薬を使わずに栽培すると収量は少ないが、その中ではこのカボチャは長期間実が収穫できる。

8月の打木赤皮栗カボチャの畑。葉は枯れて、
実が充実期を迎えている

家庭菜園では、無農薬で安全に育つ野菜がいちばんだ。タネは、収穫期のカボチャの実から採ることができる。

料理のコツ

家庭菜園でつくったカボチャは、皮ごと食べやすい大きさに切って、蒸したり茹でたりして温菜として好みのソースで食べるとおいしい。また煮ものやスープにすると、カボチャ本来の甘みが生きる。

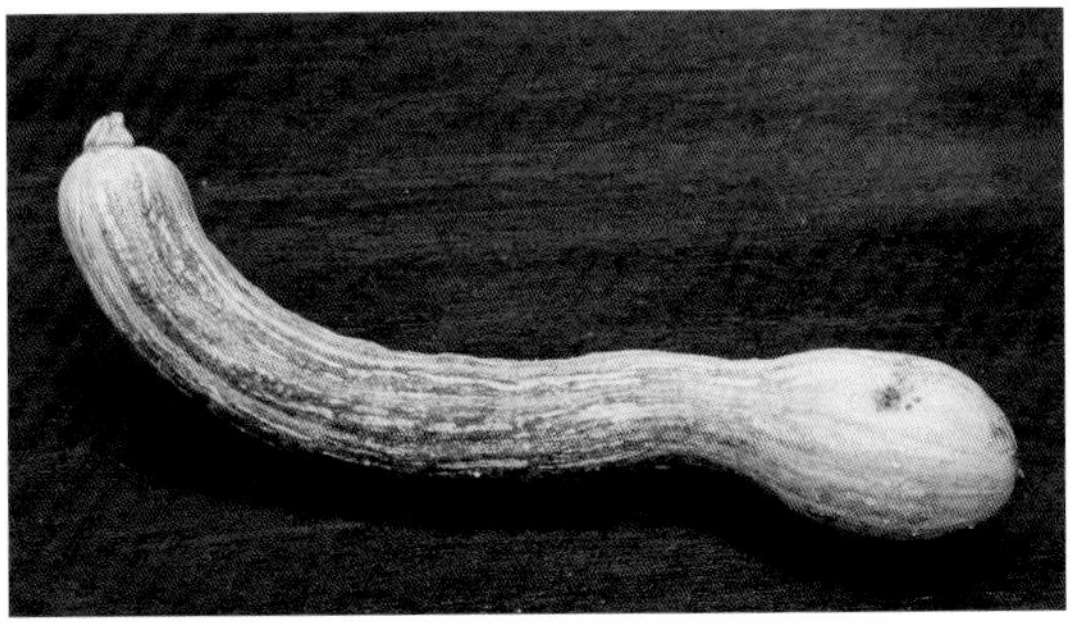

鶴首カボチャ。在来種の古い日本カボチャだが、見かけなくなった

実を食べる

ズッキーニ

大きな黄色い花、その雌花の元がふくらんで実がなる。小さくても大きくても、料理法によって活用できる

1 2 3 4 5 6 7 8 9 10 11 12

カボチャのなかまであるズッキーニは、生長すると大きな実になるが、長さ二十〜二十五センチの未熟の実を収穫して食べる。日本には戦後に導入された。つるを伸ばさないので、育てるときにカボチャのようには場所をとらない。雨が少なく、昼間は気温が高くても夜は冷涼な気候が向いているので、日本の梅雨と高温には弱い。水はけをよくして育てるのがいい。黄色い花が咲いたあとに、雌花の元がふくらんで実が育っていく。雨が多いと、昆虫があまり飛ばなくなるので授粉がうまく行なわれず、実が変型になることもある。実の生長は早くて、夏になると週に三回も収穫できるほどだ。採り遅れて大きく育った実でも、炒めたり、煮込んだりと、問題なく食用にできる。

料理のコツ

輪切りにしてオリーブオイルなど油で炒め、塩やハーブ類をふって食べるとおいしい。ナス、トマト、ピーマンなどの夏野菜といっしょに炒めて煮込んだ料理、ラタトゥーユはそのままでも冷やして食べてもおいしい。

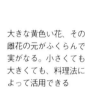

イモを食べる

ジャガイモ

── 赤ジャガイモ

ジャガイモは、種芋と呼ばれる元になるジャガイモを畑に植えつけて栽培する。私の場合は、春と秋に同じジャガイモを二度植えつけて育てている。農家の場合は一つの品種にしぼると、雨が多い年は青枯れ病などが発生して不作になる心配があるので、品種の多様性も必要だと感じている。原産地のアンデス地方では、いくつかの品種を畑にいっしょに植える習慣があるという。家庭菜園の場合は、地元で昔からつくられていた、病気に強い品種を種苗店などに聞いて探してみよう。植えつけた種芋から芽が出てきて葉が茂って生長し、花が咲いたあと葉が枯れ始めた頃が収穫となる。連作は避けたほうがいいので、翌年は植える場所を変える。

料理のコツ まずは皮つきのまま蒸して、そのジャガイモそのものの味を楽しもう。品種によって、味がちがうことがよくわかる。この状態で冷蔵庫に保存しておけば、輪切りにしてバターで焼くなど、手間なくつけ合わせの料理に利用できる。

種芋を取り分けて、つくりつづけている赤ジャガイモ

日本の赤ジャガイモには、レッドムーン、アンデス赤、愛野赤がある

外の皮はピンクから赤に近い色をしているが、中の身は黄色い

収穫したジャガイモを洗い、そのまま蒸す。竹串を刺して芯まで火が通ればよい。新ジャガの味は最高だ

イモを食べる

サトイモ

——土垂《どだれ》、風黒《かざぐろ》

右は土垂。左は風黒。サトイモの春の生長期には、根元部分に少しずつ土寄せをしていくとよい

サトイモには、親芋を食べるもの、そこからできた子芋を食べるもの、そして親芋と子芋の両方を食べるものがある。関東地方で昔からつくられてきた「土垂」や長崎地方の「風黒」は、子芋を食べる品種である。秋に掘り出すときには、たくさんの子芋ができている。サトイモは乾燥をきらう。乾燥させないことがもっとも大切である。春に種芋を植えこんで生育してきたら、土の表面に敷きわらや刈り取った草などをのせておくといい。また、生長するにしたがって、根元に土を寄せていくとよい。これらのほか、親芋と子芋の両方を食べる品種に「八つ頭」「セレベス」、親芋を食べる品種に「たけのこ芋」などがある。

料理のコツ

収穫した子芋を洗って、そのまま蒸して食べると芋の味がよくわかる。塩を多めに入れて茹でてもよい。これを器に盛って、皮から中身を押し出しながらいただくのが「衣かつぎ」。収穫の初日はこの調理法で味わいたい。

子芋や孫芋が増えていくサトイモは、縁起のいい野菜とされる

1 2 3 4 5 6 7 8 9 10 11 12

イモを食べる

ツクネイモ

ツクネイモは、ふしぎな野菜のひとつである。私のところでは四月末に種芋を小さく切って植えていくのだが、どこの部分を切って植えても芽が出てくる。そして夏になるとどんどん生長し、雑草が入るすき間もないほど畑いっぱい葉が覆ってしまう。九月に入ると、そろそろ芋が大きくなってきたかなと思うのだが、そこで掘り出しても芋の部分はまだ親指くらいの大きさだ。ところが十月に入って晴天がつづくと、突然大きく肥大していく。収穫は十月末から十一月末までの約ひと月で、旬は短い。ツクネイモが繊細で傷つきやすいのは、このように短期間に大きくなるせいかもしれない。無肥料の土で育ったツクネイモほど味がよいと感じている。

料理のコツ

粘りが強いので、とろろにして食べるとおいしい。また、皮をむいて千切りにして、海苔をかけ醤油をたらして食べると、しゃきしゃきした食感も楽しめる。吸いものに入れるのも、軽く薄味で煮含めた煮ものも、おいしい。

三本ぐわなどを使って芋を傷つけないように、秋の霜が降りる前に掘り出す

つる植物のツクネイモだが、支柱を立てずに、畝の表面にはわせたまま、放任栽培で育てることができる

1 2 3 4 5 6 7 8 9 10 11 12

イモを食べる

サツマイモ

ベニアズマ、高系《こうけい》14号

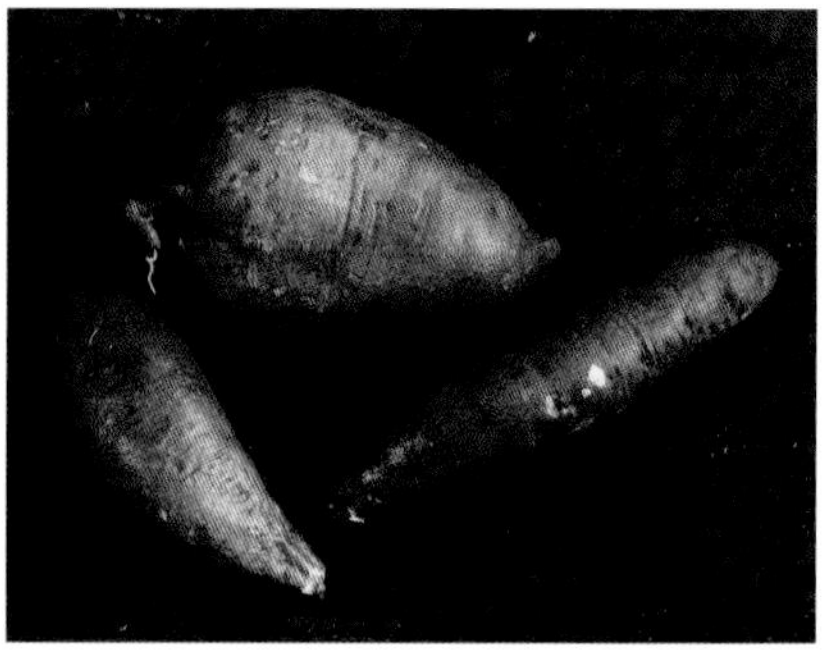

収穫したサツマイモから、翌年に植える種芋を選んで保存する

温かい場所に保存しておいた種芋を苗床に植える。土の表面に見えるのはもみがら

種芋から苗が伸びてくる。この苗を取り、芋は再び埋める

サツマイモは他の芋と異なって種芋ではなく、種芋から採った苗を植えて育てる。まず春に種芋を植えておくと、一個の芋からたくさんの茎が伸びてくる。それを分けて、今度

あとは放任栽培で育つ。掘り出すときはまず、つるを切っていく

最初はしおれたように見えるが、茎から新しい根が出てくる

苗を植えていく。新たに芋から伸びてきた2番苗も同様に植える

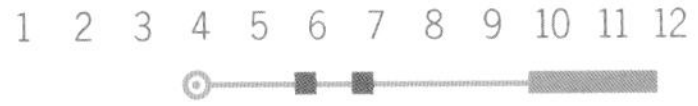

◎ 種芋をふせる

は苗として植える。畑は畝をつくって、地面より高くしてそこに苗を植えていく。基本的には水をやらずにそのままでいい。見た目にぐったりしていても一週間もすれば、前の葉は枯れて新しい葉が伸びてくる。畝づくりは、好天続きのときにやって準備しておくことが大切だ。そして土に多少の湿り気があれば、そのまま苗を植えてよいが、五月末頃は乾燥が長く続くことがあるので、そんなときは雨を待ってから苗を植えるといい。サツマイモは、肥料を必要としない。肥料を与えると、つるばかり伸びて、かえって芋のほうは大きく育たない。多くの名産地をみてもわかるとおり、火山灰地ややせ地のほうが、品質のよいサツマイモが育つのだ。品種は「ベニアズマ」や「高系14号」などがつくりやすい。

料理のコツ

まずは焼き芋で味わおう。焼き芋鍋も売っているが、土鍋に集めた石を入れて熱し、そこにサツマイモを入れて蓋をして、自分で焼き芋をつくることもできる。味がより濃厚に感じられて、香りもよくたいへんおいしい。

葉や茎を食べる

ニラ

ニラは一度植えると、長年楽しめる多年草である。在来種のニラは、市場で売られている大葉ニラよりも小ぶりなものが多いが、庭や畑の端に植えておくと、いつでも使えて便利だ。香りもよく、必要な分だけ切りとって使うと、また残りの株から新しい葉が育ってくる。三年目以降は、分《ぶん》けつが盛んになってぎっしりと混んでくる。そのままにしておくと、葉が細くなり、元気もなくなってくるので、株を抜いて小分けにして植え替えるといい。プランターや鉢に植え替えて、窓際やベランダに置いておくと、気軽に摘んで料理に使える。夏に咲く白い花も美しい。花には蜜が多いのでチョウがよくやってくる。また花茎を料理に使うこともできる。

料理のコツ

栄養価が高いニラは、中国料理だけでなく、ふだんのおかずにも活用しよう。葉を刻んでお粥に散らしたり、卵スープに散らしたりすると彩りも美しく、食欲をそそる。摘みたての新鮮なニラは、家庭菜園でないと味わえない。

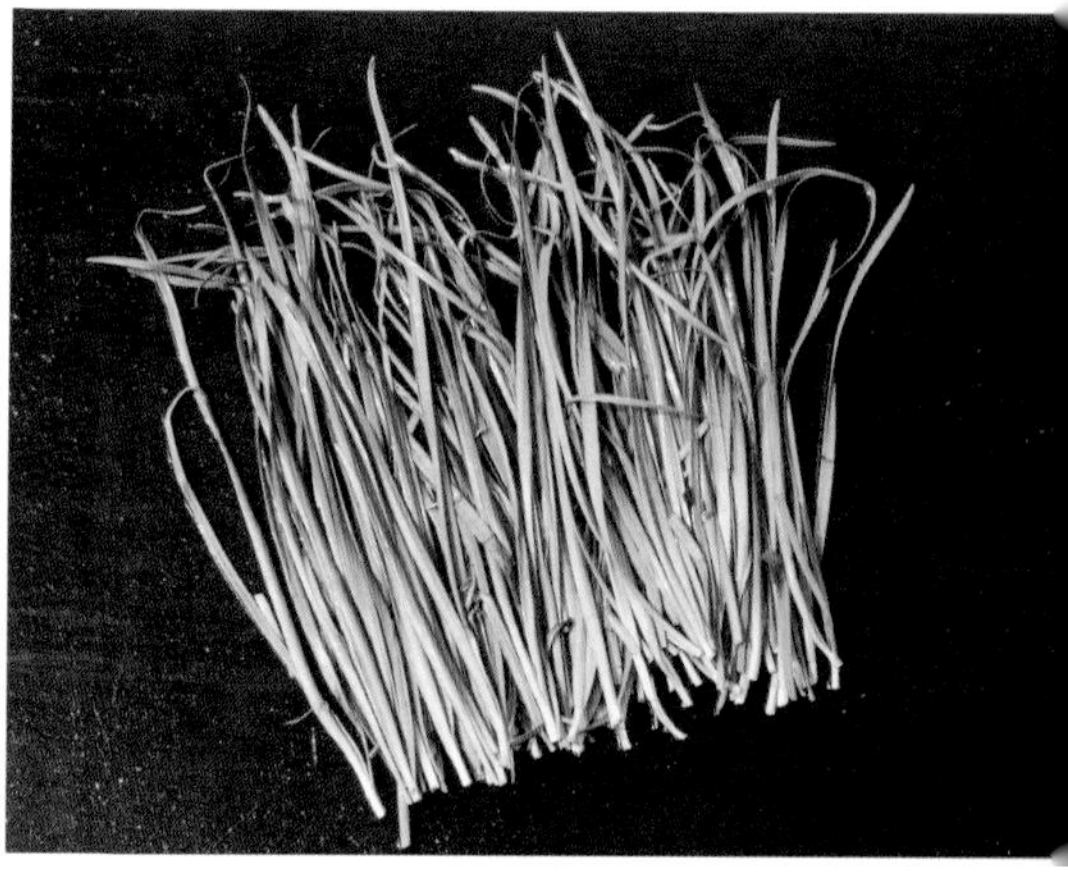

摘みたてのニラ（下）の香りはいい。8月に美しい花が咲く（左）。日持ちがしないので少しずつ収穫する

1 2 3 4 5 6 7 8 9 10 11 12

葉や茎を食べる

夏ネギ

九条《くじょう》ネギ

育ったネギの葉を切って使う。その残りの根の部分を掘り出したところ

ネギは、野菜の中ではいちばん生長期間が長いものだ。三月半ばにタネをまいて育てると、六～七月には夏ネギとして食べられる。その際に青いネギの部分を切って使い、その残りの苗を掘り出して別に植え替えておくと、それが冬ネギ（96頁）として育ち、十一月半ば頃から冬じゅう収穫できる。品種の中には冬に休眠するネギがあり、それが夏ネギとも呼ばれるが、ここではネギの若い時期を夏場に利用するものを便宜的に夏ネギと呼ぶ。九条ネギは緑の部分が多くおいしいので、夏ネギとしても冬ネギとしても両方活用できる。私の地域で「長崎ネギ」とよばれる小ネギも、夏ネギにいい。地元にある在来種の小ネギを調べてみよう。

料理のコツ

ネギがあれば、一年を通して料理に便利。刻んでそうめんなど麺類の薬味として、また汁ものに散らして使う。ネギ独特の匂いは硫化アリルと呼ばれる成分で、殺菌効果があるので、夏場はおおいに料理に活用しよう。

春にタネをまいて育ったネギは、初夏にはほっそりと育ち、小ネギとして使える

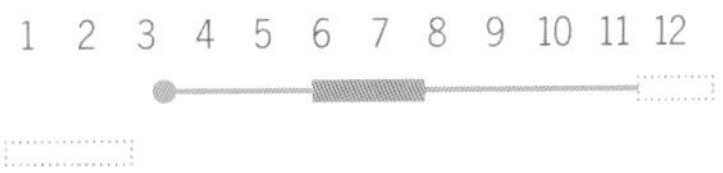

葉や茎を食べる

エンサイ（空芯菜《くうしんさい》）

空芯菜という別名通り、茎の中が空洞であるのが見える。個性ある野菜だ

ある程度育ったら先端部分を摘み取り、あとは脇から伸びたところを収穫する

1 2 3 4 5 6 7 8 9 10 11 12

夏場の葉もの野菜が少なくなる時期に、元気に育つのでおすすめ。中国や東南アジアでよく利用されている野菜で、沖縄では古くから食べられていた。本来はアサガオやヒルガオのなかまの水草である。畑やプランターでつくるときには、水の中で育つ野菜であることを頭において、乾燥しすぎないようにしよう。茎の中が空洞なので、収穫で一本ずつ手で折っていくときにポキン、ポキンと音がする。伸びたところを切って使い、それを何度も何度も繰り返して収穫することができる。葉をまくハマキムシ（ガのなかま）がつきやすいので、見つけたら取る。熱帯の野菜なので、日本の夏の期間内では自分でタネを採るのはむずかしい。

料理のコツ

そのまま油炒めするのがいちばんおいしい。食べやすい大きさにざくざくと切り、油で炒め、オイスターソースや醤油で味つけして青菜炒めとして食べる。油が熱くなる前にニンニクを入れて香りを移すとさらにおいしい。

葉や茎を食べる

ツルムラサキ

若い葉と茎の部分を摘んで利用していく野菜。ビタミンやミネラルも豊富だ

ツルムラサキは熱帯のつる植物だが、日本では一年草として夏に栽培される。茎の色が紫色のものは、独特の土くさい香りが強い。ここでとり上げた茎が緑色のツルムラサキは、紫色のものにくらべるとくせが少なく使いやすい。葉や茎を摘んで、くり返し料理に用いることができる。日本には江戸時代に入ったが、観賞用ではなく食用となった歴史は新しい。原産地では野菜である。鉄分やビタミンを多く含むため、健康野菜として日本でも注目を浴びてきた。タネは気温が高くなってからまき、生長に合わせて、少しずつ摘んで利用するといい。ある程度生長してくると、つるを伸ばしていくが、支柱の必要はないだろう。

料理のコツ

くせのある味が気になる方は、まずさっと茹でて水にさらしてから料理する。茹ですぎると逆に臭みが出るので注意。茹でるとぬめりが出るのが特徴で、和えもの、お浸しにいい。また、炒めると匂いが気にならない。

葉が肉厚で光沢があり、いかにも熱帯の野菜という感じである

1 2 3 4 5 6 7 8 9 10 11 12

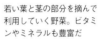

葉や茎を食べる

モロヘイヤ

モロヘイヤは、若い葉や茎を食べる野菜。実は食用にできないので注意する

モロヘイヤは茹でるとぬめりが出る野菜として知られ、栄養価が高く、健康野菜として栽培が盛んになっている。家庭菜園なら数株あれば十分だが、苗の販売はあまり見かけない。タネをまくときは、熱帯の野菜なので、気温が高くなってからまくこと。気温が高くないと発芽がうまくいかない。本葉が出てきてからは元気よく生長していく。お茶の葉を摘むように、新しい葉を摘んでいくと、またつぎつぎに新しい葉が伸びてくる。

古く中近東やエジプトで栽培されていた野菜で、モロヘイヤはアラビア語で「王様の野菜」の意味だという。九月頃、気温が少し下がると花が咲く。花が咲き出したら終わりである。実は食用にできない。

料理のコツ

さっと茹でたあとで水にとり、水気を切ったらまな板にのせて包丁でたたく。これをそのまま醤油味で食べても、ご飯にかけて食べてもいい。また、鶏肉を炒め、モロヘイヤを入れて煮込んだスープもおいしい。

7月、こんもりとした株に育っている。国内での栽培の歴史は浅いが、家庭菜園向き

1 2 3 4 5 6 7 8 9 10 11 12

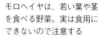

ここで野菜エゴマと呼んだのは、エゴマには実をゴマのように利用するものがあるためだ。日本では「じゅうねん」と呼んで栽培してきたところもある。それと同じ種類ではあるが、ここで取り上げたのは葉を食べる品種で、葉にある毛が薄く柔らかいもの。韓国ではよく使われる野菜で、見た目がシソに似ており、シソと同じような感覚で育てて、葉を摘んでいくとよい。タネは気温が高くなった四月末からじかまきにする。気温の上がる六月になると、どんどん生長していく。若い葉のついた茎を折って使ったり、大きい葉だけを利用したりする。大きな葉は、つけ汁に漬けて漬け物にしておくと保存がきいて便利。また青みとして炒めものなどに活用するといい。

料理のコツ

葉を重ねて容器に入れ、だし汁で薄めた醤油を注いで漬ける。このたれに、ごま油、トウガラシなどを加えると、さらに風味が増す。この葉でご飯を包んで食べるとおいしい。三杯酢に漬けると、また違った味が楽しめる。

葉や茎を食べる

野菜エゴマ

上の写真の手前は収穫したあと。その株から、再び新たな芽が出て勢いよく育っていく。左下は摘んだ野菜エゴマ

1 2 3 4 5 6 7 8 9 10 11 12

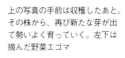

秋にタマネギを植えて5月に収穫したあと、地キュウリを育てる

つくる野菜の組み合わせ方

野菜をつくるとき、すぐに肥料のことを考えがちだが、野菜には「肥料を必要としないもの」「あまり必要としないもの」「多くの肥料を必要とするもの」などがあることを知っておいてほしい。

「肥料を必要としない野菜」には、サツマイモ、ツクネイモ、エダマメ、ソラマメがある。これらは肥料をやってはいけない、といってもいいだろう。

「肥料をあまり必要としない野菜」には、ダイコン、カブ、ニンジン、エンドウ、レタス、トマト、スイカ、ウリなどがある。

「やや肥料を多く必要とする野菜」には、ブロッコリー、カリフラワーがある。

「肥料を多く必要とする野菜」は、ナス、サトイモである。

ほんとうに生命力があっておいしい野菜づくりを目指すなら、最小限の肥料で栽培していくことが大切だ。昔野菜、つまり在来種の野菜であれば、そういう栽培に向いている。そして同じ畑で野菜をどういう順序で育てていくかというのも大切だ。

左記の組み合わせは、私の体験からたいへんうまくいく連続的な栽培法である。途中で肥料をやることもなく、耕さないで、そのままつづけて栽培することができる。

●タマネギ（九～翌年五月）→ナス（五～九月）→ソラマメ（十～翌年五月）

●タマネギ（九～翌年五月）→スイカ、マクワウリ（五～八月）

●タマネギ（九～翌年五月）→地キュウリ、ニガウリ（五～八月）→秋作インゲン（八～十一月）→スナックエンドウ（十～翌年五月）→ササゲ、シカクマメ（五～九月）

●冬のレタス（九～翌年一月）→エダマメ（四～六月）→地キュウリ（六～九月）

●冬のレタス（九～翌年一月）→トマト（二～七月）

●九条ネギ（三～翌年二月）→春のレタス（三～五月）

トウモロコシのひげは雌しべにあたる。この１本１本が粒（タネ）につながっている

トウモロコシの話など

トウモロコシ

トウモロコシは、在来種がひじょうに少なくなっている。しいて挙げれば「もちトウモロコシ」「ポップコーン」などがある。市販されているほとんどの品種がF_1種のスイートコーンであり、最近では遺伝子組み換えのタネが日本に入っている可能性も高くなっている。トウモロコシは交雑しやすく、同じ時期に別の交配種の花が咲いていると、たとえ自分で固定種のトウモロコシをつくっていても、F_1種のトウモロコシの花粉がかかってしまうことがある。そんな知識をもちながら、固定種を扱っている種苗店で売られているトウモロコシのタネをまいて育ててみよう。甘みはスイートコーンほどではないが、ひと粒ひと粒がしっかりして歯ごたえがあり、昔ながらの味がする。

もっとある春から夏の野菜

今回ここでとり上げていない野菜はまだまだある。たとえば、マメのなかまのソラマメ。これは在来種が残っており、無肥料の土地でもよく育つ。秋十月頃にタネをまくが、雨がふらずに土が乾燥しているときは、タネをひと晩水につけてからまくといいだろう。在来種のタネを選べば、つくりやすく、放任していてもよく育つ。他のマメとは交雑しないが、ソラマメ同士だと交雑するので、タネを採るときは品種を一つに定めたほうがいいかもしれない。

春から夏に楽しめる葉もの野菜では、ルッコラもおすすめである。独特の風味があり、虫がつきにくく、生育も早くて、タネをまいてから約二十五日で収穫できる。ただし雨には弱い。プランター栽培に向いている野菜である。

ベランダで昔野菜を育てる！

畑がなくても、野菜づくりは楽しめる。ベランダ、窓辺など、鉢やプランターが置ける場所さえあれば、そこが小さな菜園になる。じつは、庭や畑よりも、いいこともある。毎日気軽に野菜の生長のさまが覗けるし、料理の直前に摘んで、新鮮な葉を使うこともできる。野菜が身近にある暮らしは、とても豊かだ。ぜひ、試してほしい。

プランターや鉢を利用して、夏の暑さに
強い野菜を育てよう。エンサイ（右下）
の葉は緑がひじょうに美しい

春から夏の楽しみ方

まず、鉢やプランターというのは、土が少なく限られていることをいつも頭に入れておこう。土の量が限られているから、野菜は根をそれ以上伸ばすことができない。だから、土自体が健康でいい土であることが大切だ。土づくりについては、112頁を参照してほしい。

また、日照りがつづいて土がからからになったとき、水を求めて根は伸びていきたいのにそれができない。鉢やプランターでの栽培では、野菜の生死はつねにそれを栽培する人にかかっているのである。ベランダの場合は、コンクリート部分の照り返しもあるので、ひじょうに暑くなって乾燥しやすい。水やりも、野菜のようすを見ながらすることが大切だ。水をやるときは、午前中がいい。植物は、夜は活動を休むのが自然なので、夕方や夜の水やりは避けて、原則として午前中にしよう。

熱帯の野菜は強い

ベランダという栽培条件に向いている野菜には、熱帯原産の野菜がある。モロヘイヤ、ツルムラサキ、エンサイ（空芯菜）、バイアム、オカノリなど。また、ニラ、小ネギなどの香草を植えておくと、料理にすぐに使えるのでいい。どれにも共通していえることは、摘んでも摘んで

鋏で切って料理に使った翌日、新たな葉が切り口から伸びてきた

プランターの手前に植えたニラ。料理の直前に摘めるのがうれしい

も、また新しい茎や葉が伸びてくることだ。つまり再生力の強いものが、ベランダ栽培に向いている。

たとえばモロヘイヤ、バイアム、オカノリなどは、伸びてきた中心部分の茎の上を切る。すると、脇芽が出て横へ広がって伸びていく。生長のようすをみながら、ある程度株が元気に育ってきたら、新しく伸びたところをどんどん摘んで使うことができる。少し摘んで、再生のようすをみながら、摘む量を考えていくといいだろう。どの野菜も美しく、ベランダの観葉植物としても楽しむことができる。

ツルムラサキはある程度大きくなったら、つるがどんどん伸びていくが、柔らかいつるの先のほうを摘んで使っていくといい。これは支柱がなくてもかまわない。プランターはベランダの日当たりにもよるが、日照条件がよくないところでは、手すり部分に掛けて位置を上げたほうが太陽の光をよく受けられる。

エンサイは、水が好きな野菜なので、こまめに水やりをするようにしよう。水田のような状態で育つ野菜のため、水ぎれには弱い。これは水やりさえ気をつけていれば、長期間摘んで食べることができる。

小ネギやニラなどは、プランターの端に植えておくといい。伸びてきたところを鋏で切って使うと、翌日には切ったところから新しい葉が伸びてくる、ひじょうに再生力の強い野菜である。できた料理に、摘んですぐに散らすことができ、新鮮な香りが食卓で味わえるのはうれしい。このほかアサツキやチャイブなど、大きくならないネギ類はどれも、ベランダ栽培に向いている。

鉢に植えたツルムラサキの葉を摘んで料理に使った。少し摘み過ぎ？

▼

しかし、すぐに初々しい葉が伸びてきて、葉がたくさん茂ってきた

▼

さらにどんどん生長し、夏から秋にかけて週に2〜3回は摘むことができた

ベランダ野菜の撮影をしたあと、摘んで料理する（関戸勇）。茹でたツルムラサキの葉（奥）とエンサイ（手前）をまわりに添えた、野菜入りのオムレツ

モロヘイヤを熱湯でさっと茹でて水気を切ったあと、食べやすいように刻んで皿に盛る。削り節をかけて醤油で食べる。摘みたての野菜には、優しい甘さがある

ベランダ栽培でできた野菜の葉を天ぷらにする。オカノリ、ニラ、ツルムラサキなど。揚げることでくせが和らぐ。皿の左に置いてあるのはツルムラサキ

ベランダで摘んだ野菜をコップなどの器に入れて食卓に。緑が涼やかだ

オカノリの花。ゼラニウムに似た葉だが、花はこんなに小さい

ツルムラサキの花。小さな花が夏の終わり頃からつく

モロヘイヤの花。ベランダ栽培で思いがけない花に出会える

秋から冬の楽しみ方

　落葉樹の葉が落ち、花が少なくなって寂しくなる冬の庭。しかし気温が下がれば下がるほど元気になっていくのが、菜もの野菜である。プランターや鉢に菜ものの野菜のタネをまいておくと、ベランダが青々として、まさに「冬の菜園」が楽しめる。

　いわゆる菜っぱなら、どんなものでもプランターで育てることができる。からし菜、ホウレンソウ、小松菜、レタス、そして畑菜、仙台雪菜《せんだいゆきな》、長岡菜、大崎菜など、各地方のさまざまな菜っぱを身近で育ててみよう。

　土づくりについては、112頁を参照してもらって、豊かな土を用意する。そこにタネをまいていく。土の表面にばらまきにして、その上に薄く土をかけていく方法。あるいは、割り箸などで土の表面に筋をつくり、その浅い溝の中にタネをまいて、まわりの土を上にかける方法。このふたつが一般的なタネまきの方法だ。タネは、重ならない程度に多めにまくといい。在来種の野菜、固定種の野菜のタネは値段も高くないので、気軽にたくさん使うことができる。

根元を鋏で切る

　芽が出て、本葉が育ってきてからは、隣り同士くっついたところを間引きしていく。間引きとは、間の苗を抜いていくこと。小さい間は指でつまみとってもよいが、少し育ってくると根が隣りの根ともからんでしまうので、引き抜くのはやめよう。鋏を使って、根元の部分を切っていく。こうして間引きをすると、残った苗に余裕ができるので大きく育っていく。そして再び生長して混んでくるので、また同じように間引きしていく。冬の菜もの栽培は、こうして間引き菜を食べる方法で長く楽しもう。最終的な苗の本数は、野菜の種類にもよるが、一つのプランターにだいたい五つから六つくらい。残した苗は、その野菜らしく大きく育てていくが、そのときも葉を少しずつ摘ん

最後に5つくらいの株を残して大きく育てる。
これも葉を摘みながら食べる

プランター栽培のタアサイ。混んだところを
間引きしながら食べていく

で食べていくことができる。

　プランター栽培に向かない野菜として、つる性のカボチャ、ウリ、スイカなど、またサトイモ、サツマイモなどの芋類があげられる。あまり向かない野菜は、結球するハクサイ、キャベツ、カリフラワー、丸いレタスなど、収穫が一回きりのもの。レタスは、サニーレタスのように、途中で葉をちぎって食べられる品種ならばいい。根が大きく育つダイコンもむずかしいが、カブは菜っぱがひじょうにおいしいので、間引きを楽しむ意味で育てるといい。大きくならない小カブは問題なく育つ。ニンジンも、間引きするかわいいニンジンを楽しむ目的なら、プランター栽培ができる。

　畑がある人でも、同時にプランター栽培が楽しめる。畑で育てたものをプランターに移し替えるといいのだ。たとえば、畑で育てていたルッコラ。この葉を摘んだ株を掘ってプランターに植え替えておけば、再びそこから新しい葉が伸びて、身近で楽しめる。

赤リアスからし菜

次郎丸ホウレンソウ

プリーツレタス

リアスからし菜

聖護院カブ

雲仙こぶ高菜

九条ネギ

小松菜

福立菜

ビーツ菜

黒田五寸ニンジン

チンゲンサイ

オータムポエム

長崎赤カブ

サニーレタス

平家カブ菜

シュンギク

マスタードグリーン

タアサイ

畑菜

ベランダ栽培のツボと醍醐味

ベランダ栽培のいいところは、毎日出かけなくても育つようすを見られることだ。野菜が今どんな状態であるか、いつも見ることで変化にすぐに気づく。少し元気がないなとか、逆に生き生きと育っているなとか、見ていれば健康状態がつぶさにわかるのだ。

虫に葉を食べられたときも、虫食いのあとがあるのですぐに気がつく。そんなときは、虫を探そう。見つからないときは葉が乾燥している昼間に、葉を振ると虫が落ちるのでそれを拾う。そうして手でつかまえてしまうのが、虫を取り去るいちばんの方法だ。葉の端をくるりと巻いてしまう虫もいる。巻いた葉の中に虫がいるので、それも取りやすい。虫は葉の色に似ていて、見落とすこともあるので、くり返し探すことだ。虫を指でつかまえることができない人もいるようだが、そんなときは平気な人に頼むか、ポリ袋に手を入れて、それでつかむなど工夫する。アブラムシがついていたら、これもわずかなときはすぐに取ってしまう。ぎっしりとたくさんついているときは、水をかけて洗い流そう。スプレーで牛乳をかけるのも効果がある。

病気は、野菜が弱ったときになるものだ。だから、夏なら夏の暑さに合った野菜をつくり、冬なら冬の寒さに合った野菜をつくると、病気にはほとんどかからない。それでも、葉のようすを見て病気だろうかと思ったら、薄めた酢、薄めたトウガラシ液（乾燥したトウガラシを水から煮出したもの）などをかけよう。食卓にあるものを利用したものなら、安全である。

限られた土で育てるプランター栽培では、そこにある土の養分を使って野菜は育っていく。そこで、虫でも病気でもなく、野菜に元気がなくなったなというときは、養分が不足していることが考えられる。そんなときは、市販の有機肥料の液肥を薄めてかけてやるとよい。また土を足していくだけでも効果がある。

ベランダ栽培の世話では、放っておい

冬のベランダ栽培で、ある日に摘んだ
菜っぱ。幸せで豊かな気持ちになる

て虫がついたのに気がつかなかったり、逆に毎日水をやりすぎてだめにしてしまったりなど、どちらか極端になってしまうようだ。野菜は、土の養分と水分を吸い上げ、太陽の光で光合成を行ない養分をつくって自分の力で生きている。だから、よい環境さえつくってやれば、あとは見守ることが大切である。水もやりすぎはいけない。ようすを見て、葉がしおれてきても夕方だったら水やりを控え、翌朝に水をやろう。水をやりすぎてだめにすることが多いことを、知っておいてほしい。

最後にいちばん肝心なのは、いいタネを買うことである。タネはどこで買っても同じなのではない。きちんとタネを採る専業農家で採ったタネでないと、選抜がしっかりしていないので、ばらばらなものが出るなど、ひどい場合がある。きちんとしたタネを扱う身近な種苗店を、探しておくことは大切だ。とくに固定種のタネを扱っている店は貴重で、そのタネがなくならないように買って使って、在来種の野菜を守っていこう。

冬のベランダに出現した菜園。野
菜は、観賞用にしても十分美しい

天王寺カブ

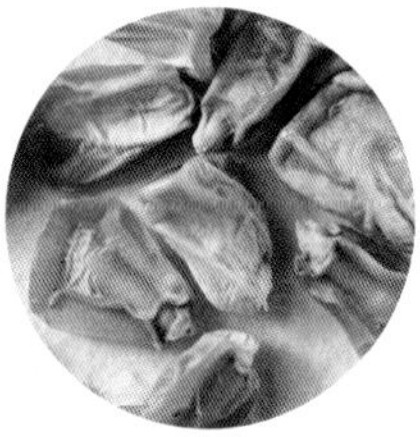
スイートコーン

今井早生黄タマネギ

ミニトウガン

聖護院カブ

キャベツ

インゲン

みやま小カブ

タネもいろいろ

タアサイ

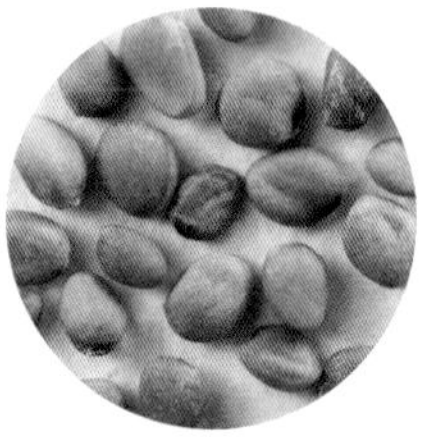
五木赤ダイコン

シシトウ

かつお菜

コスレタス

松島2号（ハクサイ）

アブラナ

横川つばめダイコン

シュンギク

エダマメ

青首ダイコン

豊葉ホウレンソウ

ルッコラ

プリーツレタス

ニューメロン

かき菜

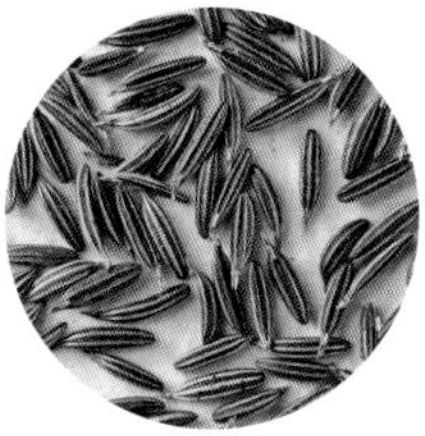
ミツバ

スナックエンドウ

泉州タマネギ

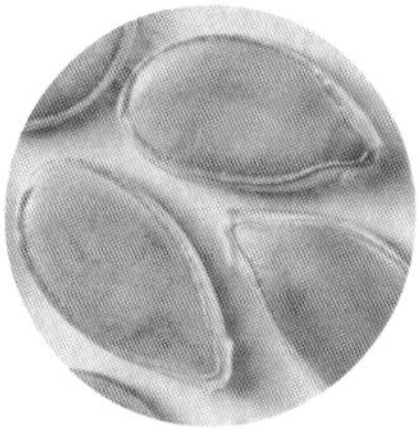
打木赤皮栗カボチャ

野菜いろいろ、

女山三月ダイコン

ブロッコリー

バナナウリ

長崎ハクサイ

畑菜

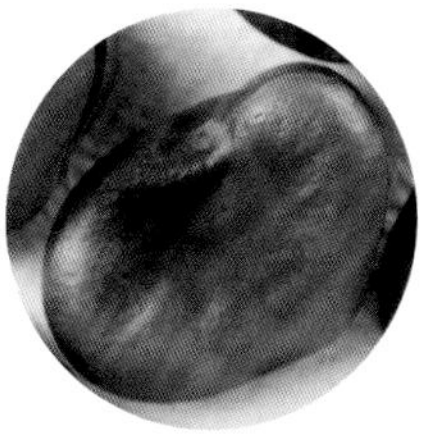
ソラマメ

京水菜

青ナス

野菜

秋から冬の昔

大地に生えている多くの草花が枯れ、気温がぐんぐんと冷え込んでいく秋。
この季節、元気に生長していく野菜がある。秋はもうひとつのタネまきの季節だ。
冬に向けて、菜っぱのなかまは、霜に当たるほど甘みが出てくる。
そして、大地から引き抜いたダイコンやカブのみごとな美しさ！
冬野菜を食べると、体の中まで温かくなる。

五木赤ダイコン。熊本県五木地方
でつくられてきた赤ダイコンだ

冬の根菜

ダイコン

五木《いつき》赤《あか》ダイコン、横川《よこかわ》つばめダイコン、キムチダイコン、女山三月《おんなやまさんがつ》ダイコン、源助《げんすけ》ダイコン、青首《あおくび》ダイコン、亀戸《かめいど》ダイコン、聖護院《しょうごいん》ダイコン、紅芯《こうしん》ダイコン

青首ダイコン

横川つばめダイコン。鹿児島県の在来種

亀戸ダイコン。東京都の在来種

キムチダイコン。韓国でキムチに使用

聖護院ダイコン。京野菜。根はまだ大きくなる

女山三月ダイコン。佐賀県の在来種

紅芯ダイコン。中国からきた野菜

源助ダイコン。石川県の在来種

女山三月ダイコンを掘り
出して並べ、タネ採り用
に使うものを選ぶ

ダイコンのタネ。花のあと、緑の莢がふくらみ（上）、赤いダイコンは莢まで赤くなり（中）、しだいに茶色く熟す（下）。莢は固い

横川つばめダイコン。名称もユニークだが、地面から肩を出した姿もいい

日本には各地方に多くの在来種のダイコンがあった。色も形もその土地ならではの在来種のダイコンは、F_1種の「青首ダイコン」にくらべると形は多少ふぞろいでも個性的で、なにより味がいい。地元にあるダイ

栽培カレンダー→ ● タネまき ■ 苗の定植 ▬ ┈ 収穫

ダイコンの花。白や薄紫色が混じったダイコンの花は美しく、香りもいい。全部を収穫しないで残しておくと花が見られる

コンを探してみたり、各地の在来種のダイコンをつくってみてはどうだろうか。「宮重ダイコン」は愛知県の在来種で、今の「青首ダイコン」の親となったダイコン。「源助ダイコン」は石川県の在来種で、根がずんぐりとして、小家族の場合は丸ごと一本使えるのがいい。煮ものにするとたいへんおいしい。また日本各地には、色の赤いダイコンがいろいろある。寒さが厳しくなると、アントシアン系の赤い色素の入ったものが出てくるのだ。このようなダイコンは大切にしたい。ダイコンはひと粒のタネが大きく、栽培もしやすい野菜だ。肥料を多くやりすぎると、収穫時に根が割れてしまうものが出てくるので、なるべく少ない肥料で自然な状態でつくるほうがいい。

料理のコツ

それぞれのダイコンの味を知るには、薄切りにして生でサラダで食べよう。おろしにすると、また味が変わる。収量が多いときは、薄切りにして塩をし、絞って三杯酢に漬けておくと保存がきいて常備食となる。

冬の根菜

カブ

金町《かなまち》小カブ、長崎赤カブ、日野菜《ひのな》

在来種のカブのよさは、肉質の柔らかさにある。いまや夏場を除けば、一年中F_1種のカブが市場に出回っているが、おいしいのはやはり冬場。見栄えや形のそろいはF_1種にくらべると少々悪くても、味は在来種のカブが断然おいしい。吸い物やみそ汁に入れたときも、とろけるように柔らかい。家庭菜園では、タネを少し多めにまいて、本葉が何枚か出た頃から間引き菜として利用していくといい。カブ菜はそれだけでもりっぱな青菜でおいしい。間引きをするたびに、かわいい小さな根が少しずつ育つようすを見るのも楽しい。「みやま小カブ」「金町小カブ」などがつくりやすい在来種の品種である。また、美しい赤カブもある。白カブにくらべると、葉の茂り具合が多く、根の部分の太り方がゆっくりしている。赤カブは酢漬けにすると色がとても美しい。ほかに「日野菜」という、滋賀県の在来種で細長いかたちの珍しいカブもある。

料理のコツ

カブはまず、薄切りにして生で食べる。次に軽く塩をして、水気を絞ってから食べるなど、自家菜園ならではの味を堪能しよう。煮るときは、ダイコンと異なって火の通りがたいへん早いので、過熱に気をつける。

1 2 3 4 5 6 7 8 9 10 11 12

金町小カブ。東京都の在来種。
皮も身も柔らかくておいしい

長崎赤カブ。長崎県の在来種。
地元では正月の酢の物に欠かせない

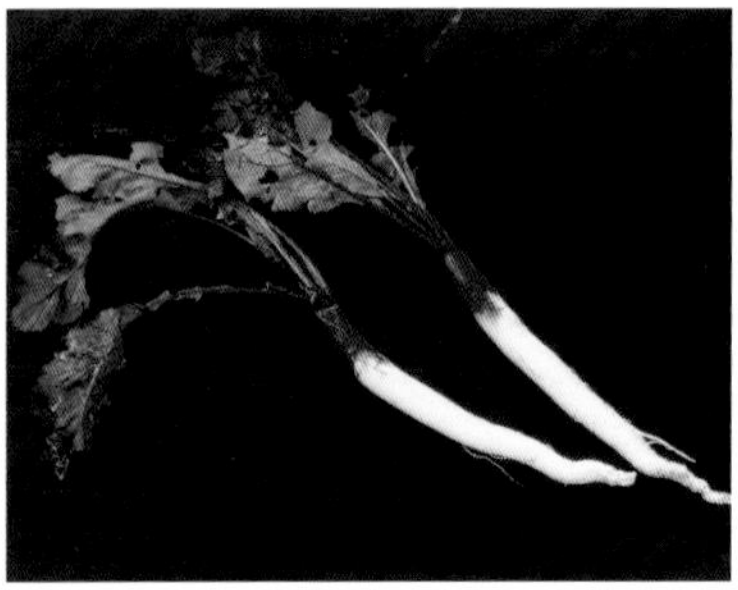

日野菜。細長いカブで滋賀県の在来種。
漬け物でよく知られるカブ

長崎赤カブ。地上に出た部分が
赤紫色に色づいてくる

冬の菜っぱ

松《まつ》ケ《が》崎《さき》浮《うき》菜《な》カブ

カブの仲間は葉がたいへんおいしいが、このカブは根の部分よりも葉のほうがずっと大きく生長し、その姿は水菜、壬生菜に似ている。菜として食べるか、カブとして食べるか、その中間の姿だったため、しだいにつくられなくなったのかもしれない。しかし両手を広げたように茂る姿は個性的で美しく、生命力が強いのであまり肥料も必要とせず、つくりやすい野菜だ。味もおいしい。江戸時代には、京都の松ヶ崎地区でつくられていたといわれ、漬け物にしても目減りがしなかったために庶民が好んで食べたという。こんな昔野菜を大切にしていきたい。各地に残っている昔ながらのカブ菜を、古くからある種苗店で聞いて育ててみよう。

料理のコツ

ほのかな苦味が、このカブ菜のしっかりとした味になっており、お浸しでも煮浸しにしてもおいしい。たくさん収穫した日には、塩をして一夜漬けにしてみよう。また、肉やもやしなどといっしょに炒めた一品もおすすめ。

大きく葉を広げて育つようすに特徴がある。間引きして、株の間を空けよう

松ヶ崎浮菜カブは、京都の在来種。ひと株でもたっぷりの量がある

1 2 3 4 5 6 7 8 9 10 11 12

冬の菜っぱ

水菜《みずな》・壬生菜《みぶな》

水菜の育つようす（上左）と収穫したもの（上右）。京都の在来種。葉のふちの細かな切れ込みが美しい

右は壬生菜。京都の在来種。葉には切れ込みがなくて細長い

1 2 3 4 5 6 7 8 9 10 11 12

地方野菜だった水菜が、いまでは全国的な野菜になってしまった。その理由は、サラダに使えるような、茎の細い早生の水菜の育種がひじょうに進んだためのようだ。本来の水菜は、緑が濃く茎がしっかりしたもので、鍋料理や漬け物に使われていた。細くて柔らかい水菜から、しっかりした水菜まで、その幅に合わせて用途も広がった。家庭菜園で育てるときも、間引きしながら生長段階に合わせた食べ方ができる。水菜と同じ仲間で葉に切れ込みがない壬生菜も、つくりやすい野菜である。多めにタネをまいて、間引きしながら育てる。間を空けると大株に育つ。強い風に弱く、北風に当たると葉が傷んで見かけが悪くなるが、家庭料理では気にならないだろう。

料理のコツ

水菜も壬生菜も、若い菜は生でサラダにして食べられる。軽く焼いて刻んだ油揚げと合わせてもいい。大きく育ったものは、鍋料理がいちばん合う。豚肉と水菜、壬生菜だけの鍋はポン酢で食べるとおいしい。

冬の菜っぱ

大和真菜《やまとまな》

大和地方、今の奈良県周辺で古くからつくられていた野菜。名前もいいが、味もたいへんよく、冬になって霜に当たるたびに甘みが出てうまみが増す。大和真菜にしかない独特の風味がある。同じようなつくり方ができる、やはり古い野菜に、京都の畑菜がある。これもとてもおいしいのに、収穫後の日持ちが悪いため、しだいにつくられなくなった。大和真菜は畑菜よりは日持ちがいい。秋にタネをまいて育て、冬に間引きしながら収穫していく。味のいい野菜なので、家庭菜園でつくってぜひ守っていきたい野菜である。お浸しや炒めものにするとおいしく、本来は漬け菜として使われていた菜っぱなので、大きな株に育ったものは、漬け物にするといい。

料理のコツ

さっと茹でて、だしで割った醤油をかけるなど、まずはこの菜そのものの味を楽しもう。大和真菜と油揚げの煮浸しも定番のおかずで、菜の甘みが生きて飽きのこない味だ。肉と炒めものにしても菜の味が負けない。

早春のとう立ちの頃に摘んだもの。冬からこの頃まで摘んで食べられる

タネをまいてから、約ひと月目。この頃から間引いて食べていく

1 2 3 4 5 6 7 8 9 10 11 12

冬の菜っぱ

早池峰菜《はやちねな》

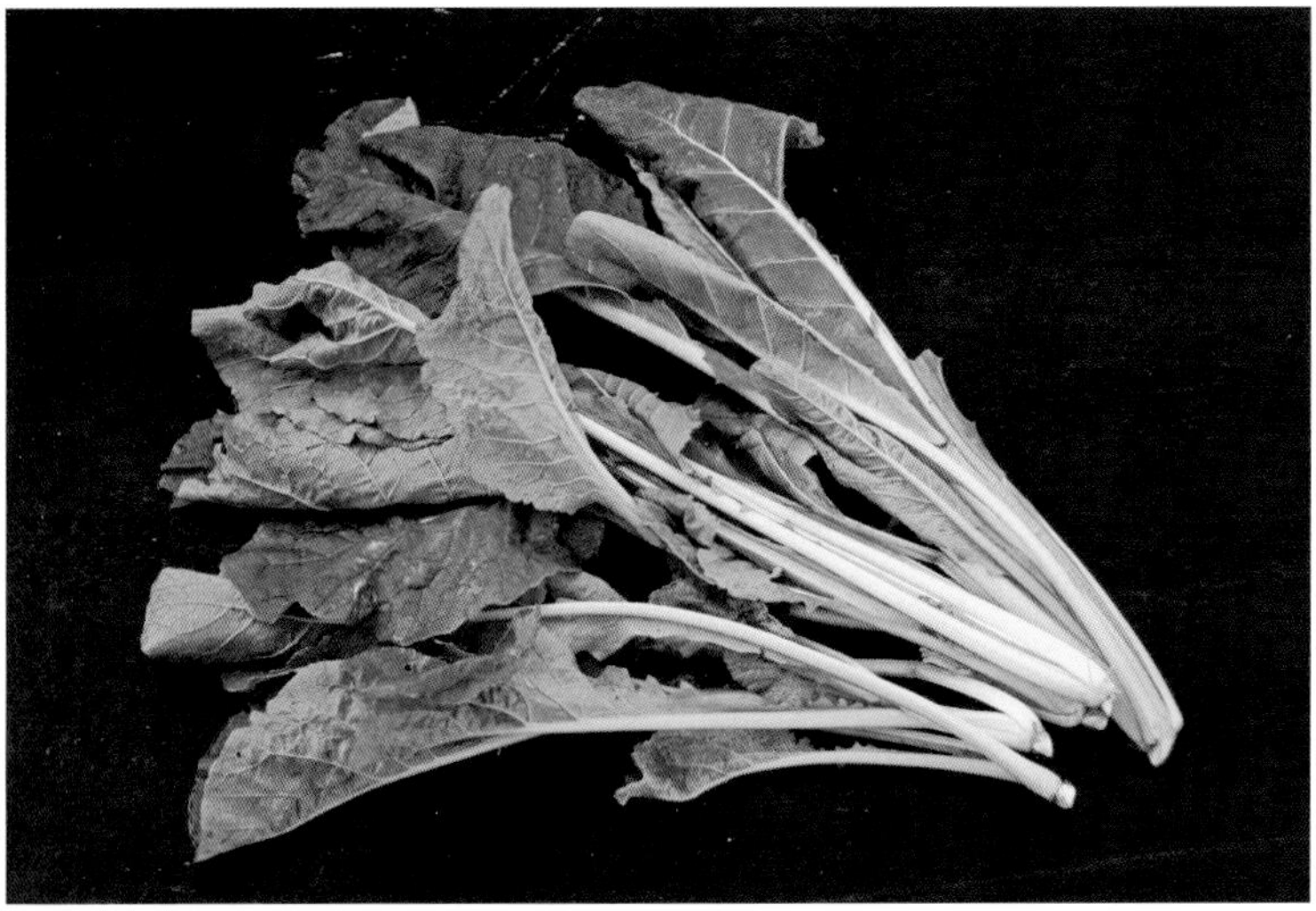

これは冬の間引き菜を摘んだもの。とう立ちの頃がおいしいが、冬中使える

岩手県の早池峰地方にあった野菜なので、この名前がついている。日本各地には、地方地方で特有の菜っぱがあった。もとは中国から入ってきた同じ漬け菜やカブのタネが、それぞれの土地で何年も栽培されるうちに、その土地特有のものに変わっていったのだ。早池峰菜は、秋にまいて冬に収穫してもいいが、そのまま置いて三月から四月のとう立ち菜を食べてもおいしい。アブラナ科の野菜は、どれも花が咲く前の、とう立ちを摘んで食べることができる。

「早池峰菜」のように栽培されている土地名がついた菜っぱに、仙台の「仙台雪菜《せんだいゆきな》」、新潟の「女池菜《めいけな》」、東京の「東京べか菜」、広島の「広島菜」などがあり、どれも家庭菜園に向いている。

真冬に葉が青々と育っていくようすを見るのは楽しい。冬の畑の早池峰菜

1 2 3 4 5 6 7 8 9 10 11 12

料理のコツ

冬に収穫した菜っぱは、お浸し、煮ものなどにするとおいしい。春のとう立ち菜は、刻んでみそ汁に入れたり、さっと茹でて和えものにしたりすると春の香りが生きる。火の通りが早いので茹ですぎないように注意。

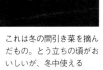

冬の菜っぱ

福立菜《ふくたちな》

冬の菜っぱは、どの段階でも摘んで使っていける。まだ初々しい葉の福立菜

畑では混み合ったところを摘んでいく（右）。株を少し残して花を咲かせると、タネができる（左）

岡山県の在来種の野菜で、縁起のよい「福立菜」という名前がついている。緑の色がふつうの青菜にくらべて淡い。だいたいにおいてそんな青菜のほうが、甘みがあっておいしい。福が来るようにと、正月頃に収穫できるようにつくられた野菜であったのだろう。十月初めにタネまきをして、年末から一月にかけて収穫していく。タネまきをずらせば、収穫の期間も延びるが、春のとう立ちは早いほうなので、二月には収穫を終えるようにタネまきをしたほうがいい。福立菜は、大きな株に育っても、とても柔らかく食べられるところがいい。小松菜と同じ使い方ができる青菜だが、F_1種の小松菜は大きく育つと堅くなるので、そこが違う。

料理のコツ

正月の雑煮に入れる菜は、その土地の菜ものが使われる。とろけるように柔らかい福立菜は、こうした椀ものに向いている。くせのない味なので、お浸し、和えものなど、どんな料理に使ってもおいしい。

富士早生キャベツと、右側は
花が咲き始めた、のらぼう

冬の菜っぱ

杓子菜《しゃくしな》

まだ若い時期の杓子菜。白い茎の部分がすっと伸びているのが特徴である

「杓子菜」は、私の暮らす地域の年配の人は「しゃもじ菜」と呼んでいる。その葉の姿がまるでしゃもじのように見えたのだろう。中国名からとって、「体菜《たいさい》」とも呼ばれる。他の菜っぱにくらべると背がすらりとして、しかも茎が白いために大きく育っても柔らかさを感じさせる野菜である。じっさいに大きな葉を食べても柔らかく、しゃきしゃきした歯触りがいい。葉が上に向かって育つためか、ひと株の葉の量も多い。このように大きな株になっても利用できる野菜は、まさに家庭菜園に向いている。一回の料理に使う量は、数枚の葉で十分だ。せまい場所で野菜づくりをするときも、その場や暮らしを豊かにしてくれるので、ぜひ活用したい野菜だ。

料理のコツ

くせのない味で、白い大きな茎の部分がしゃきっとした歯触りとなる。浅漬けなど漬け物にするとそのよさが十分に生きる。また若い菜のときは、茹でてお浸しにしたり、炒めたりと、あらゆる料理に向く。

タネをまいてからひと月半の頃。2ヵ月を過ぎるとさらにりっぱな株に生長する

1 2 3 4 5 6 7 8 9 10 11 12

冬の菜っぱ

アートグリーン

別の名前で「五月菜」「ちりめん五月菜」とも呼ばれている。北陸や東北など、雪の多い地方で栽培されていた野菜だ。若い葉ほど、葉にちりちりとした縮みがある。アブラナ科の野菜はどれも生命力がとても強く、野菜の中ではつくりやすいほうである。秋にタネをまいて、冬の菜としても収穫でき、また早春のとう立ちも食べられる。アートグリーンはとう立ちが遅く、全体の収穫期間が長くなるので、家庭菜園にはうれしい野菜だ。とう立ちを食べる目的で栽培される野菜は、ほかに、埼玉県で栽培されている「のらぼう」、群馬県の「宮内菜」がある。すべて、春を感じさせる味と柔らかさで、とてもおいしい。

料理のコツ

若い間引き菜は、そのままサラダで食べるといい。大きく育ったものは、さっと茹でたあと、味噌やごまドレッシングなどをかけて、和風感覚のサラダで食べるとおいしい。とう立ち菜も、軽く茹でただけが、味が生きてよい。

冬の畑ですくすくと育つ。虫がいない冬には、菜っぱは健やかに生長する

葉に特徴があるので、グリーンサラダに混ぜると映える

1 2 3 4 5 6 7 8 9 10 11 12

冬の菜っぱ

雲仙《うんぜん》こぶ高菜《たかな》

育つ途中で茎の部分にこぶができてくる、珍しい野菜である。私が住む地域の特産野菜であるが、もともとは漬け菜として大きな株に育てていた。しだいにつくられなくなっていたが、最近地元でも再び力を入れて栽培を始めている。家庭菜園でつくるときは、タネを多めにまいて間引き菜から利用していくといい。こぶは根元付近の茎にできてくるのだが、このこぶを大きくするためには、育てる際に、キャベツを育てるくらいに株の間隔を空ける必要がある。こぶの部分は食べるとしゃきしゃきと歯触りがよく、珍味である。とう立ちは他の高菜のなかまにくらべると早いほうだ。タネを採るときは、こぶがきれいに出ている株を選ぼう。

料理のコツ

間引きした若い菜は、サラダにできる。大きなものはざくざくと切って炒めものにするといい。ごま油に刻んだトウガラシを好みで入れて熱し、一気に炒めて最後に塩を振ると、簡単でおいしい一品になる。

茎の根元のほうにできるこぶは、年が明けて2月頃には7〜8cmに生長する。左下は、摘んだ雲仙こぶ高菜

1 2 3 4 5 6 7 8 9 10 11 12

冬の菜っぱ

かつお菜

1枚の葉がみごとに大きいかつお菜。高菜の仲間だが、ずいぶん雰囲気が違う、個性的な菜っぱだ

1 2 3 4 5 6 7 8 9 10 11 12

かつお菜は、福岡県博多の在来種である。葉は肉厚で大きく、少し縮れている。煮浸しにしたときに、かつおのだしがいらないほど味が濃く出ることから、このような名前がついたようだ。福岡では正月の雑煮には欠かせない野菜になっている。このように大きく育つ菜っぱをつくるときは、タネは間隔をおいてまいていったほうがいい。生長までに約二ヵ月かかるが、その後は冬の間じゅう収穫できる。とう立ちが遅く、それまでずっと葉を摘みながら食べていけるので、家庭菜園ではたいへん重宝する野菜である。大きく育つので、鉢やプランターで栽培するには無理があるが、庭や畑のある方にはおすすめしたい菜っぱのひとつだ。

料理のコツ

緑の濃い色が特徴なので、鶏肉やしいたけ、里芋などの炊き合わせに加えると映える。煮ものや汁ものにも向いており、煮ることで独特の風味が出ておいしくなる。冬の各種の鍋ものに入れてもいい。

冬の菜っぱ

チンゲンサイ

加熱してもかさが減らないので、使いやすい野菜

チンゲンサイの畑。タネを早くまき過ぎると、ヨトウムシにやられることが多い

春になって花が咲き、そのまま置くとタネができる。タネ採りのために茎を刈っていく

1 2 3 4 5 6 7 8 9 10 11 12

市販されているチンゲンサイのタネには、F_1交配種と固定種の両方のタネがある。昔野菜である固定種のほうは、F_1種のように形のそろいはよくないが、多様性が残っているので、長く収穫していく家庭菜園には向いている。タネは少し多めにまいて、育ってきたところで間引きしながら栽培していくといいだろう。抜いた間引き菜は、汁ものに入れたり、サラダにしたりできる。間を抜くと、残りの株が育ち、また抜いていくと、さらに残りの株が大きく育っていく。採っても採っても減らない、という印象のある野菜で、小さな菜園からたくさん収穫できる野菜のひとつである。火を通したとき、他の青菜と違って量のかさが減らないのも特徴だ。

料理のコツ

小さいものはそのまま、大きなものは二つ割りか四つ割りにしてから、茹でて使う。また皿に美しく並べてそのまま蒸し器で蒸し、ニンニクやトウガラシ入りのソースをかけて食べるのもおいしい。各種の炒めものにも向く。

冬の
菜っぱ

タアサイ

緑の花のように美しい、真冬のタアサイ。寒さが増すと凍らないように糖度が上がるのでおいしくなる

1 2 3 4 5 6 7 8 9 10 11 12

寒さにたいへん強いタアサイ。秋にタネをまいたあと、初めは上を向いて生育していくが、寒さが厳しくなるにつれて地面いっぱいに葉を広げ、ロゼット状になって太陽の光を吸収する。このときの形状が、もっともタアサイらしい姿である。かなり大きく育つので、最初からタネは多めにまかないほうがいい。混んで育ってきたときは、早めに間引く。間引いたものは食べてもいいが、ほかの場所に植え直して育てるのに向く。アブラナ科の野菜の中では、肥料を必要とする野菜だが、あまり与えすぎると秋の初期の段階でアブラムシの発生を招いてしまうので注意。タアサイは、寒さがゆるむ二月半ばにはとう立ちしてしまう、とう立ちのもっとも早い野菜である。

料理のコツ

タアサイは食べやすい大きさに分け、熱湯に入れてさっと茹でる。これに酒、醤油、おろし生姜、オイスターソースなどを合わせた温かいソースをかけて食べるとおいしい。ソースは好みで工夫する。

冬の菜っぱ

ハクサイ

長崎ハクサイ、山東菜《さんとうさい》、野崎《のざき》2号

ハクサイは、野菜の中ではつくりにくいほうの野菜だといわれる。その理由は、タネまきや苗の定植が遅れると、結球しないことがあるためだ。いろいろなハクサイをつくってみて、「長崎ハクサイ」「山東菜」「花芯ハクサイ」などの半結球のハクサイがつくりやすいとわかった。もともとハクサイはこのように、上半分が開いた半結球の形をしていた。それが流通の拡大に合わせて輸送に便利なようにと、結球した形に改良されていったのだ。家庭菜園でつくるときは、半結球でなにも問題がないので、つくりやすい半結球をおすすめしたい。生長も早く、芯のほうまで太陽の光を長い間取り入れることができるためか、漬け物にしたときも味がいいという定評がある。半結球のハクサイは肥料も少なくてよいので、その点でも楽である。十二月頃から収穫できる早生の品種と、三月頃まで収穫できる晩生《おくて》の品種がある。結球するハクサイの中では、早生の「野崎2号」がつくりやすい。

料理のコツ

ハクサイと魚の鍋がおいしい。土鍋に昆布とざく切りにしたハクサイを敷き詰め、こんがり焼いたキンキなどの白身魚をのせる。全体に酒をかけて弱火にかけ、ハクサイの水分で蒸し煮にする。最後に醤油をかけていただく。

1 2 3 4 5 6 7 8 9 10 11 12

畑に育つ山東菜。菜もの野菜は、料理に必要な分だけ葉をちぎって用いることができる

野崎2号。結球するハクサイで、これは11月頃のもの

長崎ハクサイ。早生と晩生があり、これは晩生

山東菜。山東ハクサイとも呼ばれる。漬け菜にいい

早生の長崎ハクサイを真上から
見たところ。緑の色が淡い

冬の菜っぱ

リアスからし菜

赤リアスからし菜。赤紫色が独特で、寒さが厳しくなるほど色が鮮やかになる

同じなかまの、ちりめんからし菜。冬の寒さにあうほど、風味がよくなっていく

タネをまいて育て、ひと月半ほどたった頃。間引きしながら摘んでいく

1 2 3 4 5 6 7 8 9 10 11 12

葉の切れ込みが深い、からし菜のなかまで、この名前は三陸のリアス式海岸からとられたようだ。緑色をした「リアスからし菜」と、葉が赤みをおびた「赤リアスからし菜」がある。生の葉をかじると、からし菜独特の辛みがかすかにある。寒さに強く、根元のほうから次々に茎が出て、分けつが盛んである。葉を摘みながら栽培していくといい。プランターでの栽培も可能で、タネを多めにまいて育てると、間引き菜の柔らかい若い葉をサラダにして楽しめる。摘んだ葉はお浸しや炒めもの、漬け物にも利用できるが、若くて柔らかい時期は、この特徴ある葉の形を生かして生で食べることをおすすめしたい。ドレッシングもマスタードを加えるとよく合う。

料理のコツ

中国の蒸しパンである饅頭《まんとう》や花巻に、豚の角煮とこのリアスからし菜の葉をはさんで食べるとおいしい。独特の風味が、肉料理のつけ合わせとしてもよく合う。ミックスサラダに混ぜると見た目が美しい。

冬の菜っぱ

シュンギク

中葉シュンギク。ほかに、葉の切れ込みがほとんどない在来種が広島県にある

シュンギクの花。家で花器に挿して飾っても素敵だ

畑のシュンギク。若い葉をちぎって摘みながら使っていく

1 2 3 4 5 6 7 8 9 10 11 12

シュンギクは野菜の中では、虫がつきにくい野菜のひとつだ。だから私のところでも秋には、いちばん早くタネをまける青菜である。寒さに対しては、他の菜っぱにくらべると弱いほうなので、タネまきも早く八月末から行なっている。家庭菜園では、伸びてきた茎をつぎつぎに折って収穫できる「中葉シュンギク」が向いているだろう。ほかに、切れ込みがあまりなくて葉が大きな「大葉シュンギク」などがある。シュンギクは、観賞用に育てて楽しめるほど花が美しい。食用にするのはアジアだけで、ヨーロッパでは観賞用に栽培されている。株を全部収穫しないでいくつか残しておくと、春には黄色い小菊のような花が咲いて、その後にタネもできる。

料理のコツ

自分で育てたシュンギクの葉は、まず若い葉をそのままサラダで食べてみよう。これまで知らなかった味が楽しめる。茹でて、ごま和えなどの和えものにするときは、茹で過ぎに注意すること。摘みたては火が通りやすい。

冬の菜っぱ

ホウレンソウ

日本ホウレンソウ

市場では、昔ながらの日本ホウレンソウはひじょうに少ない。家庭菜園でぜひ作りたい野菜だ

茎の根元が赤いのが特徴の日本ホウレンソウ

1 2 3 4 5 6 7 8 9 10 11 12

「日本ホウレンソウ」「豊葉ホウレンソウ」など、昔ながらのホウレンソウはなんといっても、茎に自然の甘みがあっておいしい。タネは、触ると痛いほどのとげがある。西洋ホウレンソウのタネは丸いので、すぐに区別がつく。この在来種のホウレンソウは、農家にとっては収量が少なく姿も不ぞろいなので、しだいにつくられなくなったが、家庭菜園でこそ残したい野菜である。市場で売られているホウレンソウより、少し大きめに育てて食べると、茎の根元の赤みも増し、甘みも増すようだ。

土が酸性だと、育てる途中で葉が黄色くなったり生育が悪くなったりするので、植える前にまず貝化石や有機石灰などを土に加えて中和させておこう。

料理のコツ

採れたてのホウレンソウを大鍋でさっと茹で、刻んで、まずそれだけで食べてほしい。その甘みに驚くだろう。削り節と醤油、ごまだれなどをかけて食べるときも、たれは少しにして、ホウレンソウそのものを味わう。

冬の菜っぱ

レタス

サニーレタス

レタスには、丸く結球するレタスと、結球しないで葉に赤みがあるサニーレタスや緑のグリーンリーフなどがある。韓国料理でよく食べるサンチュ（かきチシャとも呼ぶ）も結球しないレタスのなかまである。家庭菜園でつくるときは、葉を必要なだけちぎって長期間使っていける、結球しないタイプのほうがつくりやすいだろう。そのほうがタネをまいたあとで、いろいろな生長段階で食べられる。タネは細長くて小さく、野菜の中ではまきにくいほうなので、先に育苗箱で育て、苗を露地植えにしている。栽培カレンダーではタネまきは九月頭になっているが、温暖地では冬の間いつでもタネをまいて育てることができる。二月頃タネをまけば、春レタスとして食べられる。

料理のコツ

レタスはサラダに使うのが一般的だが、自分で育てるとたっぷりと量があるので、そんなときは中華の炒めものにするといい。強火で短時間に炒めることがコツで、時間をかけるとレタスの水分が出て風味が落ちてしまう。

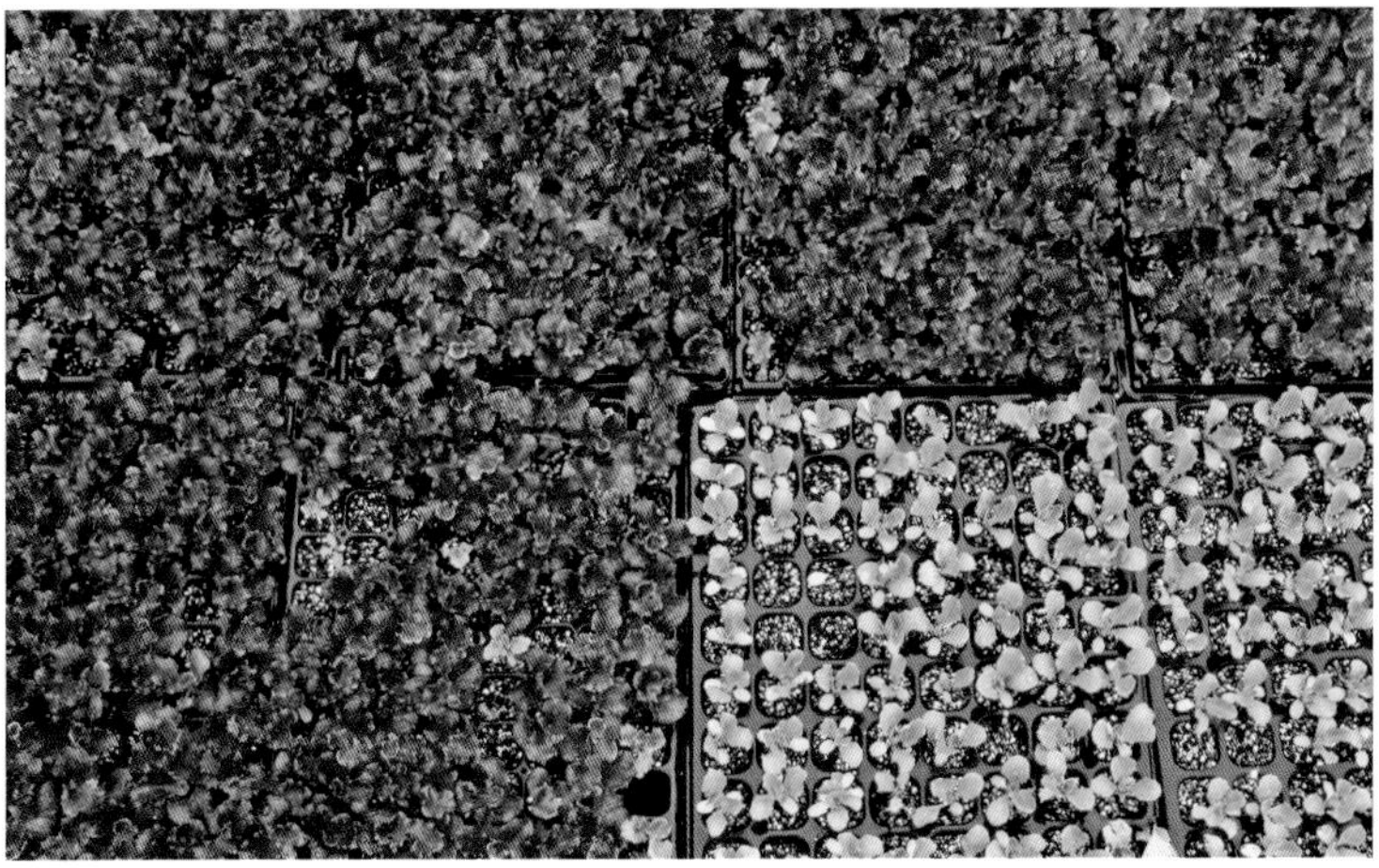

タネをまいて苗を育てる。このような育苗箱は園芸店で売られている

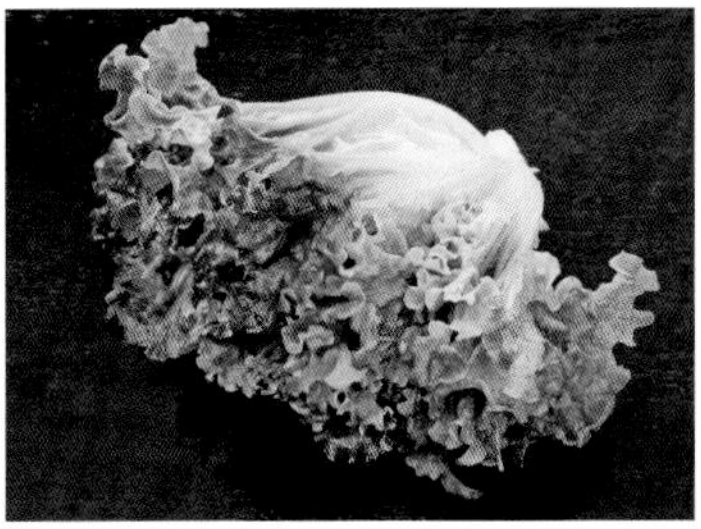

丸く結球するレタス（右）と、サニーレタス（左）。
葉はしゃきっとした歯触り

冬の菜っぱ

キャベツ

富士早生《ふじわせ》キャベツ

自家採種でつくりつづけている冬キャベツ。春キャベツの写真は81頁を参照のこと

キャベツは冬になるとおいしくなるが、四月に食べる春キャベツの味も格別だ。収穫期間はひじょうに短いが、家庭菜園でこそ味わってほしい。固定種の「富士早生キャベツ」は、九月末から十月初めに苗を植えるためにタネまきするが、このときの土のかけ方がむずかしい。私のやり方は、土を平らにならしたところに木の板の角のところを押しつけて浅い溝をつくる。そこにタネをまいたあと、てのひらで土の表面をならしていく方法だ。土が湿っていれば発芽に問題はないが、乾燥しているときは水やりをする。発芽したあとは水やりはいらない。本葉が五枚くらいに生長したら、畑のほうに定植する。株の間は四十センチほど空けておくといい。

料理のコツ　冬キャベツは煮込みにも向くが、春キャベツは生食がいちばん。葉を重ねて端から細い千切りにしたキャベツを、たっぷりと鉢に盛って食卓に出そう。白ごまをふりかけ、好みのドレッシングで食べると、そのおいしさに驚くだろう。

キャベツの菜の花。花のあとにたくさんのタネが採れる

1 2 3 4 5 6 7 8 9 10 11 12

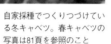

冬の菜っぱ

ブロッコリー・カリフラワー

自分でタネを採りつづけ
栽培しているブロッコリー

特徴ある姿が目を引く、
カリフラワー・ロマネスコ

ブロッコリーの花。これも他のアブラナ科の
野菜同様、黄色い菜の花が咲く

1 2 3 4 5 6 7 8 9 10 11 12

私がブロッコリーを二十年間栽培しつづけて感じるのは、昔の品種は中心部のつぼみ部分がそれほど大きくなく、まわりに側枝がいっぱいついて、小さなブロッコリーがつぎつぎにできていたことだ。最近は中心部だけが大きくなって、収穫期間も短い。昔野菜の側枝が出るブロッコリーは、茎も柔らかくておいしい。日本で入手できる固定種の品種には、イタリア生まれの「ドシコ」があったが、最近はタネを売る店が少なくなった。カリフラワーもブロッコリーのなかまだが、日本での固定種には「野崎早生」「増田中生」などがある。また、イタリアの「カリフラワー・ロマネスコ」は、姿が美しく食べてもおいしい。これは一般的なカリフラワーよりは寒さに強いようだ。

料理のコツ

カリフラワーは生でも食べられる。茹でるときは小分けにしたあと、固めに茹でること。これを同量の酢と水、それに塩、砂糖、刻んだ柚子皮で調味したつけ汁に漬けるピクルスは、保存もきいておいしい。

香りの冬野菜

冬ネギ

―九条《くじょう》ネギ

三月半ばにタネをまいたネギは、夏ネギとして食べられる（45頁）が、さらに六～七月に植え替えをすると、冬ネギとして楽しめる。植え替えは、約六十センチ幅の畝をつくり、そこにネギを二、三本ずつ、約十センチ間隔で植えていく。寒さが厳しくなるにつれて大きく育って甘みが出てくる。葉をちぎって食べたときの、中からでてくるとろりとした液は、まさに甘露である。白い部分も青い部分もおいしい九条ネギは、つくりやすいネギだ。タネを採るときは、分けつのようすや姿を見て、いいものを残していく。収穫時に、畑のじゃまにならない端のほうに植え替えるといい。四月頃に花茎が伸びてネギ坊主ができ、六月頃にタネが採れる。

料理のコツ

刻んで薬味に使うのはもちろん、冬はやはり水炊き、すき焼きなど鍋ものには欠かせない。霜に何度も当たるほど甘みが増していく。網の上でゆっくりと焼く、焼きネギは、香りが生きておいしい食べ方だ。

根元から分けつするタイプのネギ

春に花が咲いて、丸いネギ坊主ができていく

冬ネギの網焼き。ネギの自然の甘さが中からにじみ出ておいしい

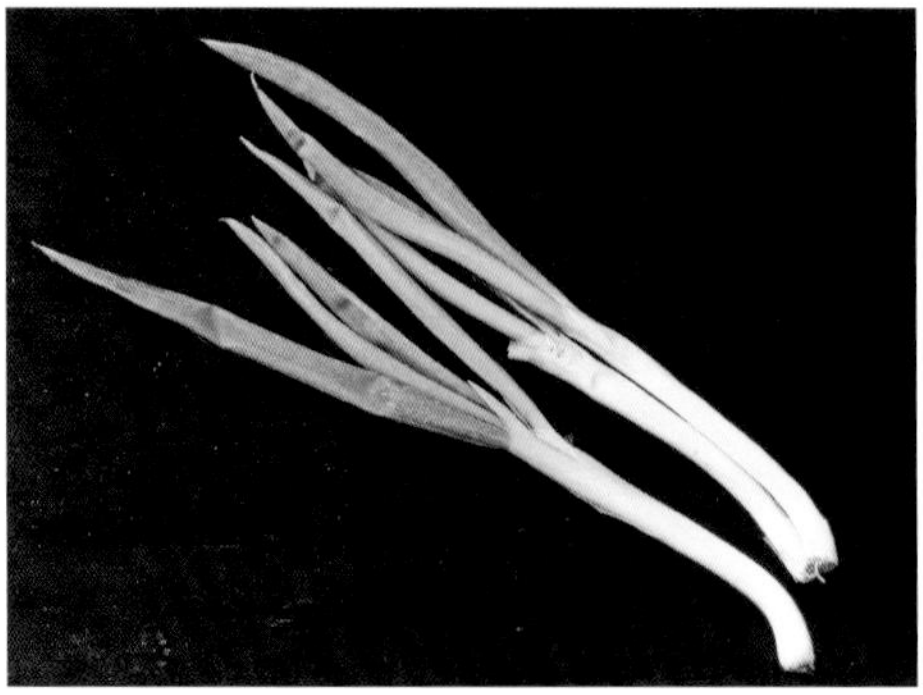
九条ネギ。ネギには、下仁田ネギのように、分けつしない一本ネギもある

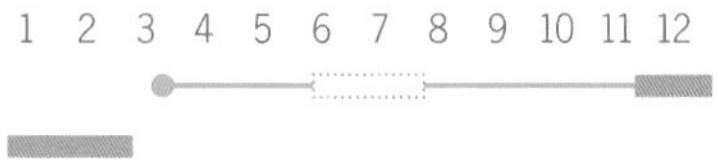

香りの冬野菜

タマネギ

今《いま》井《い》早生《わせ》黄《き》タマネギ

収穫時に小さいタマネギは再び植え直す。すると右のように育ち、葉も使える。これは赤タマネギ

苗を秋に露地植えにすると（左）、翌年の春には大きく育つ（右）。地元にある在来品種を調べてみよう

タマネギは秋にタネをまいて苗を育て、その苗を露地に植えて育てる。園芸店ではタマネギの苗も売られているので、それを購入して直接植えてもよい。タネから苗づくりをするときは、その時期が大切になる。タネまきの時期は地域によって違うので、地元の種苗店などで確かめておくといい。苗を植えつけたら、そのまま冬を越し、翌年の春になると葉が伸びてくる。それと同時に、地面の下の球根部分も太っていく。収穫は、四月から五月頃になるが、地上部分の葉が倒れてきた頃が球根がいちばん充実する時期。それから一週間か十日ほどたって収穫したほうが、貯蔵がきく。風通しのよいところに吊るす、あるいは網袋に入れるなどして保存しよう。

料理のコツ

新タマネギは、そのまま薄切りにして水にさらし、絞って生のサラダで食べてみよう。ポン酢やドレッシングをかけるとおいしくいただける。また一個丸ごとをスープで煮込むと、とろけるタマネギの甘みが味わえる。

冬の
根菜

ニンジン

―黒《くろ》田《だ》五《ご》寸《すん》ニンジン

春に咲く白い花の香りは芳しく、むせ返るほど

長崎県の採種農家が育成した黒田五寸ニンジン

ニンジンを収穫する。タネ採りをつづけるうちに五寸より六寸（約18cm）近い長さになった

ニンジンは秋まきと、春まきができる。暖地では春まきができ、二月から三月頃にタネをまくと六月に収穫となる。一般的には秋まきで育てるが、いちばんのポイントは、タネをまくときの土のかけ方だ。ニンジンはタネが小さく、まいたあとに薄く土をかけることが肝心。タネが土に深く入ると発芽しない。また、天気がつづいているときにまいたほうがいい。野菜の中でも強いタネで、乾燥にも強く、まいたあとに雨がふって湿り気が与えられると発芽する。生長は寒くなる時期に向かうためにゆっくりとしている。生長している間に、間引きをしていくことになるが、抜いた小さなニンジンはサラダに使える。収穫は十一月の末頃から冬の間つづく。私が最初にタネ採りをした野菜が、このニンジンである。二十年以上、タネを採りながら育てているが、土地との相性ができてだんだんつくりやすくなってきている。生命力もつき、肥料もしだいに少なくてすむようになった。

料理のコツ

ニンジンは皮つきのまま利用しよう。千切りのニンジンサラダは色が鮮やかだ。また炒めてきんぴらにし、白ごまをふると美しい一品となる。拍子木に切って天ぷらの衣と混ぜてかき揚げにすると、甘みが生きておいしい。

11月頃のニンジン。葉もまだ傷んでいないので丸ごと使える

昔野菜のおすすめ料理

家庭菜園の醍醐味は、旬の極みが味わえること。若い間引き菜や根菜類の葉もいっしょに楽しめる。素材の味を生かすには、シンプルな料理がいちばん。簡単でおいしいレシピを紹介しよう。

調理・黒川陽子

赤いダイコンを使って

「おろし」「葉と根いっしょのかき揚げ」

この本でとり上げた赤いダイコンには、女山三月ダイコン、横川つばめダイコン、五木赤ダイコン、紅芯ダイコンなどがある。どれも、まずおろしで食べてみよう。レモンや柚子など柑橘類を絞ると、色が変わって美しい。肉質がしまってしっかりしているこれらのダイコンは、かき揚げにも向く。辛みが消えて甘みが出て、意外なおいしさが味わえる。

★葉と根いっしょのかき揚げ

〈材料〉
ダイコン（五木赤ダイコン）　100g
ダイコンの葉　20g
タマネギ　20g
小麦粉　適量
てんぷら粉　50g
水　75cc
揚げ油　適量
塩　適量

〈作り方〉
① ダイコンは皮つきのまま、5mm厚さの拍子木切りにする。ダイコンの葉は刻んでおく。タマネギは薄切りにする。これらを混ぜ合わせて、軽く小麦粉をまぶす。
② てんぷら粉と水で衣をつくり、①を入れ、軽く混ぜる。
③ ②をスプーンですくって、170℃に熱した油に入れ、揚げる。
④ 好みで塩をふって食べる。

★おろし

〈材料〉
女山三月ダイコン
レモン　各適量

〈作り方〉
① ダイコンを皮ごとおろし器でおろし、器に盛る。
② レモン汁をふりかけると、色が変わって美しい。好みで醤油をかけていただく。

赤カブを使って

「カブの甘酢漬け」

各地にある在来種の赤カブは、地域によって赤い色がそれぞれ異なる。どれもまず甘酢漬けで楽しむと、味と色の両方が堪能できる。甘酢の中に、柚子皮のそぎ切りを加えたり、昆布の細切りを加えたりすると、より豊かな風味が味わえる。カブは切り方を変えて、縦横に細かな切り込みを入れ、菊花カブのようにして漬けてもよい。

柚子の皮をそぎ切りにしたものや、昆布の細切りをカブの甘酢漬けに混ぜると、味に変化がつく

★カブの甘酢漬け

〈材料〉
カブ　小2個
塩　大さじ1
甘酢
　酢　180cc
　砂糖　大さじ3

〈作り方〉
① カブは皮のままいちょう切りにして、塩をまぶしてしばらくおいておく。
② 甘酢の材料を容器に入れてよく混ぜる。
③ ①の水分をしぼり、②の甘酢に入れてなじませる。

ニンジンを使って

「ニンジン葉のチップ」「野菜しゃぶ」

ニンジンを育てている途中では、間引きニンジンが楽しめる。見た目にもかわいくて、そのまま生で食べるとおいしいが、葉はチップにするといくらでも食べられる。これは間引き菜だけでなく、収穫時のニンジンの葉も使える。ただし茎の固いところはのぞいて、柔らかい葉の部分をつまんで採り、それを使うようにしよう。

野菜にはそれぞれにしっかりした味わいがある。それを味わいながら食べるのが野菜しゃぶ。大地から引き抜いたばかりのニンジン、ダイコンをきれいに洗って食卓へ。皮むき器を使えば、その場で準備が整う。昆布だしの鍋に入れて、火が通ったところでさっと引き上げてポン酢で食べる。野菜のもつ力強い味を感じる料理だ。

★野菜しゃぶ

〈材料〉
ニンジン
ニンジン葉
ダイコン（源助ダイコン）
水菜
豚肉（薄切り）など各適量
昆布　　適量
水　　適量
塩またはポン酢　　適量

〈作り方〉
① 鍋に昆布を敷き、水を７分目まで入れて火にかけ、沸騰直前に昆布を取り出す。ニンジンやダイコンは、皮むき器（ピーラー）をつかって薄くそいでおく。
② 鍋に、豚肉、ニンジン、ダイコン、適当な大きさに切った水菜などの野菜やニンジン葉を入れる。
③ 煮えてきたら、塩またはポン酢で食べる。

★ニンジン葉のチップ

〈材料〉
ニンジン葉　　適量
ニンジン　　彩り用に少々
油　　適量
塩　　適量

〈作り方〉
① ニンジン葉は、柔らかい部分を選んで手で摘んでいく。これを水洗いしたらよく水気をふき取り、乾燥させておく。ざるにのせて、１～２日ほど干すといい。ニンジンは千切りにする。
② フライパンにニンジン葉を入れて空炒りし、その後ニンジンも入れる。
③ 全体が乾いてきたら油を少しずつ入れては炒め、カリカリになるように炒めていく。
④ カリカリになったら、塩をふりかけていただく。

菜っぱを使って

「かんたん青菜炒め」

摘みたての青菜のみずみずしいこと。大地の水分がまだ葉の中に残っているために、歯切れも最高だ。時間がたってしおれたら、水を張ったボウルに浸しておくといい。再びしゃきっとなる。どんな青菜も、すばやく強火で油炒めをすれば、うまみが油の膜に封じ込められて、その青菜独特の味が楽しめる。すばやい調理がポイントだ。

★かんたん青菜炒め

〈材料〉
タアサイ　大1株
塩　適量
油（ナタネ地油）　適量

〈作り方〉
① タアサイはよく洗い、葉をばらばらにしておく。
② フライパンに油を入れ、火にかけたら、タアサイを入れて塩をふり、強火でさっと炒める。蓋をして火を止め、そのまま1分半ほどおいた後、器にとる。
＊ニンニク、ベーコン、乾燥ホタテを水で戻したもの、乾燥エビなどを入れて炒めると、さらに風味豊かになる。

シンプルな料理だけに、質のいい油を選ぼう。左と中央のエゴマ油、国産ナタネ地油は、国産のエゴマ、ナタネを原材料として、化学的な処理を一切しない日本の伝統的な搾油法でつくった食用油。右はエキストラ・ヴァージン・オリーブオイル。同じく化学的な処理をせずに、オリーブ樹の果実から搾っただけの一番搾りだ

「ブロッコリーの茹でサラダ」

ブロッコリーやカリフラワーは、花蕾と呼ばれるつぼみの部分を食用にする。化学肥料を使わないで育てたこれらの野菜は、茎の部分に苦味がまったくなく、とてもおいしい。茎も合わせて食べよう。鍋にすき間なく詰めて、水を入れて蒸し茹でにするやり方は、イタリアでみられる調理法。野菜の濃いうま味が味わえる。

★ブロッコリーの茹でサラダ

〈材料〉
ブロッコリー　大1個
水　適量
塩　適量
アンチョビソース
　エキストラ・ヴァージン・オリーブオイル　30cc
　アンチョビ　2切れ
レモン　適量

〈作り方〉
① ブロッコリーは太い茎の部分を切り離し、小房に分ける。茎のほうはまわりの固い皮の部分をそいでおく。鍋に、小房に分けたブロッコリーを入れ、隙間には、適当な大きさに切った茎を立てて詰め込む。
② 塩を強めに混ぜた水を、①の鍋のブロッコリーの半分くらいまで入れ、蓋をして蒸し茹でするようにして、ブロッコリーに火を通す。
③ ブロッコリーの茎が柔らかくなったら、火を止めて水を切る。
④ アンチョビをみじん切りにする。フライパンにオリーブオイルを入れて熱し、アンチョビを軽く炒め、香ばしさが出たら、③の茹でたブロッコリーを入れ、アンチョビソースを全体に絡ませる。最後にレモン汁をかける。

ツクネイモを使って

「蒸しツクネイモ」「お焼き」

★蒸しツクネイモ

〈材料〉
ツクネイモ　1個
塩（粗塩）　適量

〈作り方〉
① ツクネイモの表面をよく洗い、熱した蒸し器に入れて約40分蒸す。
② 蒸し上がったら、皮をむき、適当な大きさに切って、塩をまぶして食べる。

生で食べられるツクネイモ。その芋を丸ごと蒸した料理は豪快だ。ジャガイモやサツマイモとはまったく違う、独特の滋味が口の中いっぱいに広がる。その蒸した芋をつぶして、次はハンバーグのようなお焼きをつくろう。つけて食べるたれを変えることで、子どもから年配の方まで、だれにでも好まれるおいしい一品になる。

★お焼き

〈材料〉

ツクネイモ（蒸したもの）　350g
タマネギ　30g
合挽き肉　50g
塩　適量
こしょう　適量
油　適量

〈作り方〉

① 蒸したツクネイモを熱いうちにつぶして、塩で軽く味をつけておく。
② フライパンに合挽き肉を入れ、軽く炒めたら、みじん切りにしたタマネギを入れ、タマネギに少しシャリシャリ感が残る程度に炒める。合挽き肉に火が通ったら火を止めて冷ます。
③ つぶしたツクネイモと②を合わせ、塩、こしょうで味をつける。
④ ③を1cm厚さの円形にととのえ、少量の油をひいたフライパンに入れて、表面に焼き色をつける。
⑤ 好みでマヨネーズや醤油をつけて食べる。

押さえておきたい昔野菜づくりの基本

畑づくりのこと

自然の中の土というのは、落葉や枯れた植物、また動物などの有機物が分解されて養分となり、雨による水分が浸み込んでできている。分解を手助けするのは、菌類や土の中の微生物、そしてミミズやオサムシなどの小さな生きものたちだ。いい土には、水分、酸素、そしてこのような有機物がたっぷりと含まれている。

有機物が生きものたちによって分解されて、養分のある土になるのだから、その生きものを殺してしまう農薬はいっさい使わないというのが基本になる。ある害虫を殺すために使う農薬は、そのほかのいい働きをする生きものまで殺してしまうことになるからだ。さまざまな生物が共存していれば、害虫を食べる虫や鳥もやってくる。

畑で野菜をつくると、土の中の養分を使って野菜が育つ。その野菜の葉や実の部分を収穫することになるが、残った使わない部分は別の場所に捨てるのではなく、畑に戻すようにしよう。畑に小さなコーナーをつくって、それらを刻んで積んで置いておくといい。刈った草もいっしょに積む。それらは

くわで土を寄せながら、畝をつくっていく（右）。畝をつくったあと、しろかきで表面をならす（左）

先が分かれた雁爪（がんづめ）で、野菜の間の草取りをしながら土をほぐす（右）。貝掘りに使う小さな雁爪も、草取りや土をほぐすのに使える（左）

時間をかけて分解されて、豊かな土へと戻っていく。こうして分解された有機物が豊富な土なら、水分の持ちもよく、露地の場合だと水やりをしなくてもほとんど自然にまかせておいて大丈夫である。

　野菜をつくるときは、基本的に土を耕して地面よりも高い畝やベッド（床）をつくる。高くすることで日当たり、水はけがよくなり、作業もしやすくなる。さらに通路とはっきり分ければ、土を踏み固めないので、野菜の生長をじゃますることがない。一度こうして畝やベッドをつくると、あとは耕さないでつづけて野菜をつくることもできる。幅は作業しやすい幅でいいのだが、株が大きく育つハクサイやキャベツ、支柱を立てる豆類やトマトなどの実もの類では、六十センチメートルくらいの広い幅をとったほうがいいだろう。高さは葉ものなら十センチほどでいいが、ダイコンなど根を伸ばす野菜の場合は二十センチはあったほうがいい。

バーク

グアノ（コウモリの糞）

かきライム

ヒジキ肥料

ポゾラン（土壌改良剤）

フミン酸

土と肥料のこと

自分の畑の土がどんな土か、スコップですくってみよう。固くて粘土のような土、さらさらで砂のような土、いろいろな特徴があるだろうが、通気性があって保水力のある土にしていくために堆肥などを加えていく。堆肥は、有機物が完熟したものでないとだめだ。売られている有機質肥料の場合は、それがどんな素性のものであるかを知ることが大切になる。

汚染された土や、未熟の堆肥を畑に入れることになってはたいへんだ。牛糞や鶏糞の場合も、どんな飼料を食べて育った家畜のものかによって、土に影響が出てくる。肥料に対する意識をしっかりもって、園芸店に相談したり、袋に書かれている説明を読んだり、自分自身でも調べながら購入しよう。

動物の糞の肥料では、馬糞、放し飼いの鶏の鶏糞、牛糞などはいいが、これらを畑に入れるときでも、タネまきや植えつけの直前は避けよう。少なくとも十日前までに土に入れて落ち着かせておく。刈ったばかりの草が土に混じってしまうのは問題ないが、未熟な

貝化石肥料

ボカシコンブ

ゼオライト

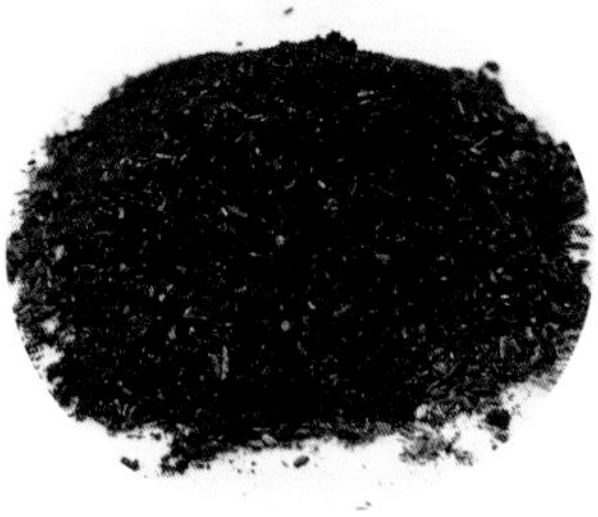

炭

有機配合肥料

牛糞

堆肥が土に入ってしまうことによる失敗は多い。

　写真にあるのはさまざまな有機肥料の例だが、こういったものから選んで自分の畑の土に混ぜる。初めてプランター栽培をするときには、土から購入することになるが、黒土や赤玉土など基本になる土を買って、そこにこれらの肥料をいくつか選んで足していく。足すときの量は、どれも少しずつ。決まりはないので、自分で組み合わせを考えて試し、体験を重ねながら自分の畑に合った肥料を見つけていくといいだろう。

　肥料づくりでいちばんいいのは、自分でつくることだ。落ち葉や刈り取った草を集め、それに台所から出る野菜くずなどを混ぜて積んでいく。コンポストを使ってもいいし、そのまま積んでおいてもいい。いろいろなものをサンドイッチ状に積み重ねておくと、自然に時間がいい堆肥をつくってくれる。土には完熟した肥料だけを加える、というのが大切なポイントだ。

左から、レーキ、しろかき、三本ぐわ、雁爪、くわ、長ぐわ、フォーク、スコップ、先が平らなスコップ。自分に必要なものを選ぶ

道具の話

ベランダでプランターや鉢を使って栽培する場合には、道具は、スコップ、鋏くらいですむだろう。水やりのためのじょうろも必要だ。苗が小さくて、スコップでも大きすぎるというときには、台所で使わなくなったスプーンやフォークなども活用できる。タネをまくときには、割り箸を使って筋をつけ、その浅い溝にまいていくといい。身近にある道具が、工夫しだいでいろいろ使える。

畑で野菜を育てるときには、目的に合った道具があれば、作業はずいぶんはかどっていく。まず、土を耕すためのくわ。くわにはいろいろな形があり、柄も短いもの、長いものがある。自分の体に合ったもの、また作業に使いやすいものを考えて選ぼう。三本ぐわ、と呼ばれる先が幾つかに分かれたもの（四本ぐわもある）は、固い土をほぐすのに便利である。

土の上に散らばった刈り草などを集めるときに便利なのが、レーキだ。落ち葉を集めるときにも使える。しろかきは、畝の表面をきれいにならす際に

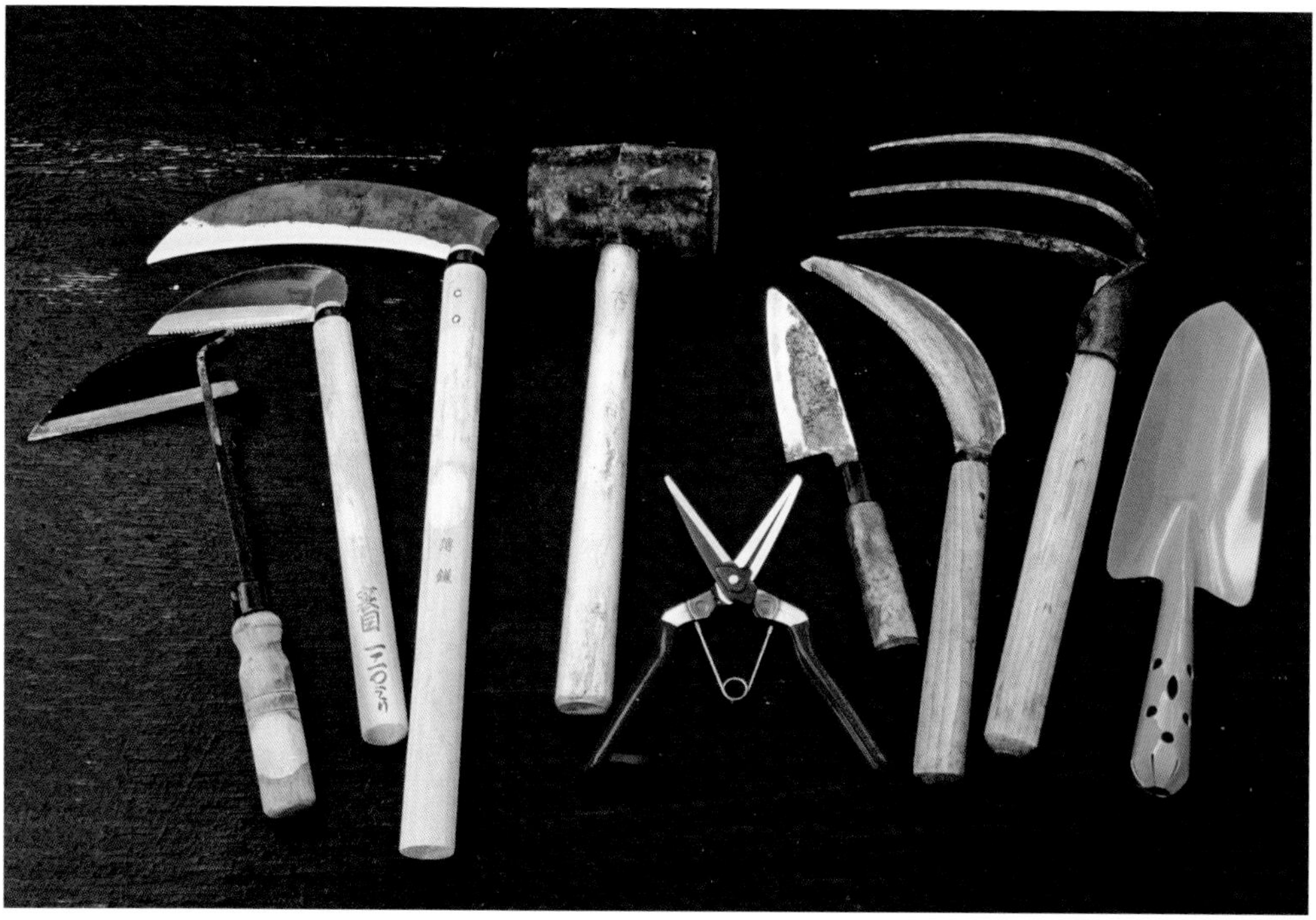

左から、草取りがま、草刈りがまの小と大、ハンマー、鋏、包丁、収穫がま、雁爪、スコップ。ハンマーは杭を打つのに使う

使える。本来は田んぼの土をなめらかにするときに用いるもので、農家の道具である。

雁爪《がんづめ》も田んぼで使う道具で、生長途中で生えてくる草を取るのに用いる。草を取ると同時に、土を耕すこともできる。これがあれば、家庭菜園では草取りと土をほぐすときに使える。

大きなスコップやフォークは、堆肥づくりなどで活躍する。スコップの先がとがっているものと平らなものがあるのは、用途によって使い分けるためだ。たとえば、粘り気のある堆肥をすくうときには、先が平らなものでないとうまくすくえない。わらを扱うときはフォークが活躍する。

小さな道具類、草取りがま、草刈りがま、小さなスコップはどうしても必要だろう。土をほぐすときに使う小さな雁爪は、貝掘りの道具の応用だ。収穫のときは、鋏、収穫がま、出刃包丁などがあると役に立つ。根元が固く太くなった野菜は、包丁でないとうまく切れない。自分に合った道具を準備しよう。

ちょっとレベルアップ

自分でタネを採ろう

タネを採る、という魅力

私たちが店で買う野菜のタネは、種苗会社が専門の採種農家に依頼して、採ったタネである。F_1交配種のタネは、かなり複雑に人工交配が行なわれている。人工交配種のタネは、私たちが自分でタネを採っても親の野菜と同じものはできない。ところが、固定種のタネなら、自分でタネを採って、翌年にまいて育てることができる。

自分でタネを採っていく良さは、自分の畑に野菜が合ってくることにある。その土地の土と自然環境で育った親から生まれた子どもは、その土地にふさわしいなにかを身につけていくようだ。タネ採りをつづけると、しだいにつくりやすくなってくる。

たくさんの野菜のタネ採りをすることは、時間も手間もかかるので、まず自分が好きな野菜をひとつ選んでみよう。この野菜を毎年食べたい、という野菜にしぼりこむのだ。地カボチャ、地キュウリ、ネギなど、最初は売っている固定種のタネを買ってきて育て、そこでできた野菜の一部を残して、花を咲かせて、実から

刈り取って乾かしておいたキャベツの莢を棒で叩き、中のタネを出す

タネを採る。野菜の一生につき合うと、その野菜にますます愛着が湧いてくる。

どの株からタネを採ろうかと選ぶとき、同じ野菜でも一つひとつ違うことに気づくはずだ。こうして自分でタネを採ると、自分の好みの野菜ができてくる。またときには、前よりもばらばらになってしまったということもおこる。それは、タネ採りの技術不足だったり、知らないうちに別の畑の野菜と交雑してしまったりなどの理由によるものだ。そんなときは、もういちど固定種のタネを買って始めればいい。

今の日本では、固定種のタネが売れないために、採種農家の生活が成り立たず、ほとんどの農家がやめてしまった。多くの固定種のタネは外国で採られている。風土の異なる土地で採られたタネは、日本の風土で採られたタネとはまったく違っているはずだ。再び、日本の採種農家が存続していけるようにするためにも、固定種のタネを用い、自分でもタネを採ってタネに親しんでいこう。

ダイコンの莢はたいへん堅くて指では割れない。
車のタイヤで轢くこともある

Column

豆と芋のタネ採り

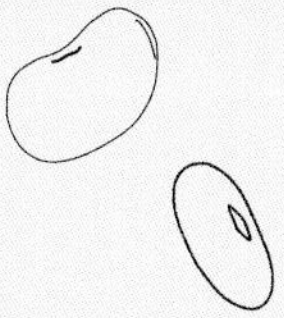

インゲン、エンドウ、エダマメ、ソラマメなど、豆のなかまのタネ採りはひじょうに簡単である。食べるために収穫する時期に、いくつかを採らずに、株にそのまま残しておく。そして葉が枯れて莢が茶色くなってきた頃に採る。莢の中の豆を出し、虫食いのあるもの、変形したものをはずして、きれいなものを選んで保存しておく。

芋は、タネではなく芋そのものを植えるので、種芋という呼び方をしている。ジャガイモ、ツクネイモ、サトイモ、サツマイモ、これらは収穫したものの中からよいものを選んで保存する。ツクネイモやサツマイモは、穴を掘った土の中に入れてもみがらをかけておくなど、温かなところで保存して春に備える。

葉もののタネ採り

　ここで葉ものと呼んだのは、水菜、高菜、ハクサイ、ホウレンソウなど、いわゆる菜っ葉を食べる菜もの類、そしてネギのように葉を食べるもの、その両方を含めているためだ。また、ダイコン、カブ、ニンジンなど、じっさいには根を食べるものも、同じようなタネの採り方をするので、ここに含める。

　これらのタネを採るときは、まず収穫時にどの株からタネを採るかを選ぶ。菜っぱ類だったら、全体の姿や葉のちぢれ具合、また味のよさなどから選ぶといい。そしてそれを収穫しないでそのまま畑に残しておく。次の野菜を植えるためにその場所が必要なら、じゃまにならない別の場所に植え替える。収穫時のハクサイを抜いて、それをそのまま植え替えても大丈夫。私の場合は、できるだけ肥料のないところ、畑のふちなどを選んで植えている。無肥料の土で育ったものから採れるタネのほうが、生命力が強いと感じているからだ。

　ダイコン、カブ、ニンジンなどの根もの類も、抜いてからその姿を見てタネ採りに使う株を選ぶ。選んだものは、あわてて植え替えをしなくても、数日置いてから植えてもかまわない。私が最初にタネ採りを始めたのはニンジンだったが、私だけのすばらしいニンジンにしようと、収穫のたびに美しいと思うニンジンを選んで、そこからタネを採っていった。ところが十年目くらいに、自分の思いとは逆に、しだいに生命力が弱くなり、タネが少なくなってきた。そのとき、タネは多様性の中でこそ守られているのだ、ということを私は知った。そこで、見た目にもたくましいニンジンを混ぜてタネ採りをしたところ、再び生命力あふれるニンジンになっていった。

　家庭菜園ではスペースの問題もあるだろうが、三〜四株は残して、そこからタネを採ったほうがいいだろう。春には美しい花が咲き、やがて莢の中にタネができる。アブラナ科の野菜は交雑しやすいので、どれか一つの種類を選んでタネ採りをしたほうがよい。

[菜っぱ]

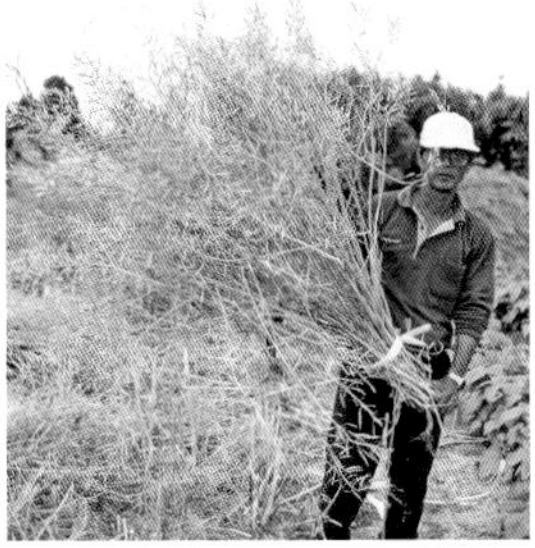

アブラナ科の菜っぱ類は、茶色く枯れたら刈り取って乾燥させておく

天気のよい日に、ござなどの上で莢からタネを出す。風でごみを飛ばす

ごみをきれいに取り去ってタネだけにしたら、数日陰干しにする

[ニンジン]

タネの部分が茶色くなってきたら刈り取って、そのまま乾燥させておく

手で全体をほぐしながらタネを落とし、ふるいにかけてごみを取る

さらに風でごみを飛ばしながら、タネだけにしたあと、陰干しにする

[ネギ]

ネギ坊主をよく観察し、タネが黒く熟してきた頃に切り取る

よく乾燥させた後、シートなどの上でタネを落とし、ごみを風で飛ばす

タネを風通しのよいところで数日間乾燥させたあと、保存しておく

実もののタネ採り

トマト、ナス、キュウリ、カボチャ、ウリなど、実もの野菜は夏野菜に多いが、これらのタネ採りは、収穫時の実がそのまま使える。例外はキュウリだ。ふだん私たちはキュウリの未熟な実を食用にしているので、タネ採り用の実は収穫せずに、そのまま黄色く熟してくるまで畑に残しておく。

その他の実については、食べておいしいもの、姿が気にいったものを選んでタネ採り用にする。そして涼しい場所を選んで並べ、トマト、ナス、ウリ類だったら一週間ほど置いて追熟させる。カボチャ、ズッキーニなどはもっと長く置いて追熟させるとよい。できるだけタネを充実させるためには、実が完熟したほうがいいのである。

それから、実の中のタネを出していく。いちばんぬるぬるして採りにくいのが、トマトだ。実から出したタネをそのまま紙の上に広げておくと、紙にくっついてしまう。だからタネのまわりのぬめりをすぐに取り去る必要がある。そのやり方として、私は取り出したタネをポリ袋に入れて、口をしばって一〜二日ほど置き、それから水洗いをしている。そうすると、まわりのぬめりがきれいに取れてしまうのだ。これは、キュウリやカボチャなどのタネにも応用できる。

ナスのタネはぬめりが少ないが、実について離れにくいので、これも同様のやり方で置いておくと、きれいに取れる。

タネを採るために、なんども水洗いすることになるのだが、トマトやナスなどは、成熟したタネが沈む。そこで浮いた未熟のタネを取り除くといい。ただし、これにも例外があって、カボチャやトウガンのタネは、タネ自体が軽くてどれも浮くので、これらは水洗いするときに流してしまわないように気をつけよう。

実もののタネは、すべて水洗いをして採る。水洗いのあとはざるに取り、まずは太陽に当てて水分を飛ばしてしまう。そのあと、こんどは風通しのよい日陰に置いて、二〜三日よく乾かすようにしよう。

[カボチャ]

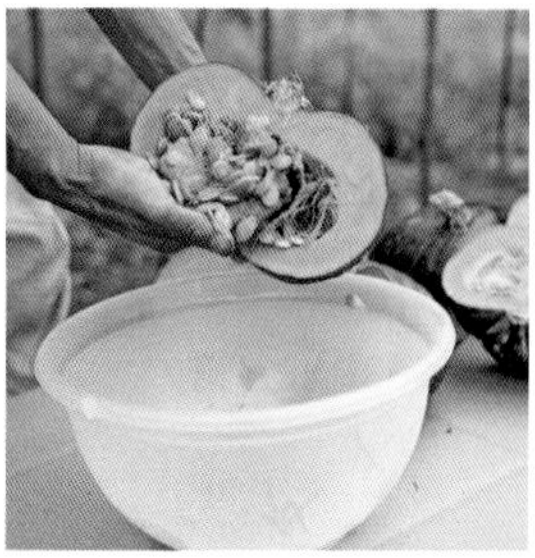

二つ割りにしたカボチャのタネの部分を、手でかき出す

ポリ袋に入れてひと晩置き、翌日水洗いしてタネをきれいにする

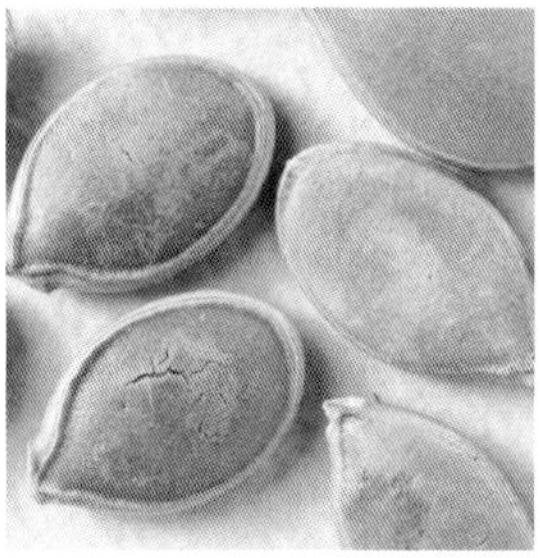

水洗いしたタネは天日に当てて乾かし、次に数日間陰干しにする

[トマト]

タネを採るトマトは、ボウルの中に入れ、全体をつぶしていく

これをポリ袋に入れて口をしばっておくと、翌日は多少発酵してくる

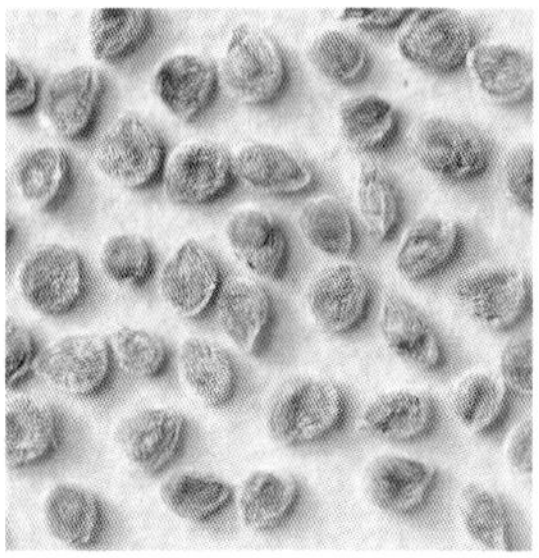

タネをざるに入れて水洗いした後、天日で乾かし、さらに陰干しにする

[キュウリ]

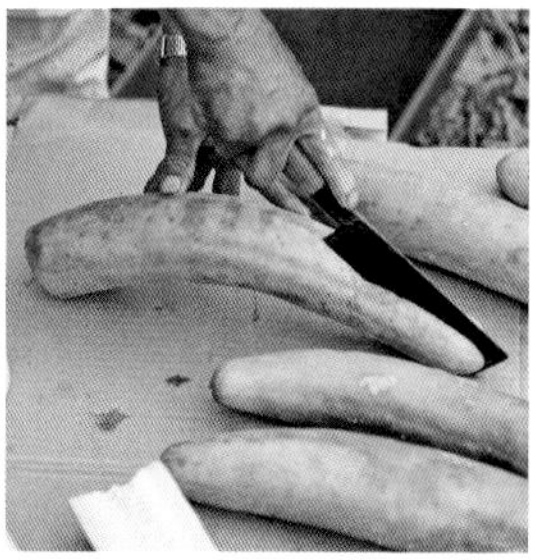

キュウリは果皮が黄色くなるまで畑に置き、収穫後さらに約1週間置く

二つ割りにして中身を出し、これもトマト同様にポリ袋に入れる

タネをざるに入れて水洗いし、天日で乾かし、さらに陰干しにする

Column

タネの保存のしかた

タネの保存は、実ものも葉ものも共通であるが、よく乾かしたあとでそれぞれ紙袋に入れる。袋には、野菜の名前、採種の年月日を書いておこう。紙袋がいいのは、タネは生きていて呼吸をしているからだ。どんなによく乾燥させたと思っていても、やはり水分は残っている。そのため、密閉容器に入れると、タネ自身がもつ水分のためにカビがはえてしまうことがあるのだ。呼吸のできる紙袋に入れて、温度が一定の冷暗所に置くのがタネの保存としてはいちばんいい。その意味では冷蔵庫はタネの保管場所として適している。タネの寿命は種類によっても違うが、保存状態がよければ数年はもつので、毎年同じ野菜のタネを採る必要はない。

採ったタネは、どれも最初は数時間天日に当てたほうが、殺菌効果があるのでいい

タネ採りの野菜は、風通しのよいところに置いて追熟させておく（右頁・上）
カボチャは1ヵ月ほど追熟させ、まず二つ割りにする（右頁・下）

昔野菜のタネが買える店

自分が住んでいる地域にある種苗店を訪ねて、固定種のタネがないか聞いてみよう。種類は少なくても、その土地の野菜のタネが見つかるはずだ。タネ袋に書かれた名前だけでは、昔野菜のタネかどうかの判断はつかない。タネ袋に「交配」という文字が入っていたら、それはF_1種のタネのこと。固定種の場合は、何も書かれていないか、あるいは「育成」という文字がある。わからないことがあれば何でもタネ屋さんに聞いてみよう。

野口のタネ・野口種苗研究所

家庭菜園向けの、固定種のタネを専門に扱っている種苗店。カタログはないが、ホームページで詳細な品種リストや案内が見られる。「のらぼう菜」「みやま小かぶ」「八丈オクラ」「アロイトマト」などの人気野菜をオンラインショップを通して、購入することができる。

- 〒357-0067 埼玉県飯能市小瀬戸192-1
- TEL　042-972-2478
- FAX　042-972-7701

https://noguchiseed.com

光郷城《こうごうせい》　畑懐《はふう》　浜名農園

固定種のタネ、野菜の苗、それに合う土、肥料などを販売。タネが育つ土壌から考えたいと総合的な視点で商品を揃えている。カタログは春、秋２回発行、100円切手を同封して請求する。注文は、ファックス、郵便、メールで。

- 〒276-0021 千葉県八千代市下高野261-1（通販部）
- TEL　047-455-3211
- FAX　047-455-3215
- TEL　053-461-1482（本店）

https://kougousei-hafuu.jimdofree.com

たねの森

オーガニック認証やバイオダイナミック認証を受けた農場などで農薬や化学肥料を使わずに栽培・採種された固定種のタネを販売。ホームページに詳しいカタログが掲載されているが、無料で郵送もしてくれる。注文は電話、ファックス、メールで。

- 〒350-1252　埼玉県日高市清流117
- TEL　042-982-5023
- FAX　020-4669-0427

http://www.tanenomori.org

赤松種苗（株）

1809年創業の歴史ある種苗店。大阪付近の在来種のタネ、「水茄子」「四十日大根」「泉州黄玉葱」などが揃っている。「一寸空豆」の量り売りもある。カタログはないので、注文は電話やファックスで。ネット通販（楽天）もある。

●〒543-0056　大阪府大阪市天王寺区堀越町11-11
●TEL　06-6771-4560
●FAX　06-6771-0301
http://www.akamatsu-tane.co.jp

（公財）自然農法国際研究開発センター

自然農法の普及活動の一環として、キュウリ、トマト、カボチャ、ナスをはじめ、自然農法によって育成した有機栽培向きのタネ（約60品種）を販売している。注文はホームページから（無料の会員登録が必要）。カタログがダウンロードできるのでファックスでの申し込みも可能。

●〒390-1401　長野県松本市波田5632-1
●TEL　0263-92-7701
●FAX　0263-92-6808
https://www.infrc.or.jp

八江農芸（株）

野菜、花き全般の育種、種子販売を行なう種苗会社。長崎地方は野菜発祥の窓口であり、「新黒田五寸人参」「長崎赤かぶ」「早生長崎白菜」「雲仙コブ高菜」「新長崎長ナス」など各種長崎地方野菜の普及販売を行なっている。注文はファックスやメールで。

●〒854-0023　長崎県諫早市厚生町3-18
●TEL　0957-24-1111㈹
●FAX　0957-24-3456
https://www.yaeseed.co.jp

（株）野崎採種場

ハクサイ、キャベツ、カリフラワー、ブロッコリー専門の育成元。「野崎白菜二号」をはじめ、これらの品種が充実している。ホームページに詳しい品種リストがある。カタログは、お問い合わせフォームから申し込める。注文方法等については、ホームページを参照。

●〒454-0943　愛知県名古屋市中川区大当郎1-1003
●TEL　052-301-8507
●FAX　052-303-7226
https://nozakiseed.co.jp

日本有機農業研究会種苗ネットワーク事務局

ここでは、本書著者を含め当会会員が採種したタネを入手することも可能だが、種苗ネットワークを利用するためには、会員登録が必要。利用登録の普通会員の場合は年会費6,000円。年8回会誌「土と健康」が送られる。優良な家庭菜園用の種苗を提供してもらえるが、自家栽培用が原則である。

●〒162-0812 東京都新宿区西五軒町4-10　植木ビル502
●TEL　03-6265-0148
●FAX　03-6265-0149
https://www.1971joaa.org

（株）太田種苗

「日野菜かぶ」「滋賀真紅金時人参」「山田ねずみ大根」「伊吹大根」「なりくらマクワ」「なり駒マクワ」「バナナマクワ」「虎御前マクワ」など、滋賀県の在来野菜のタネが充実。注文はホームページのオンラインショップ「おおたねっと」から。ファックスやメールにも対応。

●〒523-0063　滋賀県近江八幡市十王町336
●TEL　0748-34-8075
●FAX　0748-36-7113
https://www.otaseed.co.jp

この本に登場する昔野菜リスト

ア

カ

サ

とんぼの本

＊本書は、2007年3月に刊行された、
岩崎政利・関戸勇著『つくる、たべる、昔野菜』
（新潮社とんぼの本）のリニューアル版です。

●取材・編集協力
さとうち藍

●撮影
関戸勇

●調理協力
黒川陽子
http://www.yoq.co.jp/

●ブックデザイン
中村香織

●シンボルマーク
nakaban

あの懐《なつ》かしい味《あじ》の野菜《やさい》を自分《じぶん》でつくる

発行　2021年1月25日

著者　岩崎政利《いわさきまさとし》　関戸《せきど》 勇《いさむ》
発行者　佐藤隆信
発行所　株式会社新潮社
住所　〒162-8711　東京都新宿区矢来町71
電話　編集部 03-3266-5611
読者係 03-3266-5111
ホームページ　https://www.shinchosha.co.jp/tonbo/
印刷所　大日本印刷株式会社
製本所　加藤製本株式会社

ISBN978-4-10-602297-5 C0361